COLONISATION PÉNALE

PAR

M. Maurice PAIN

DOCTEUR EN DROIT

AVEC UNE PRÉFACE

DE

Paul MIMANDE

PARIS

SOCIÉTÉ D'ÉDITIONS SCIENTIFIQUES

4, Rue Antoine-Dubois

COLONISATION PÉNALE

COLONISATION PÉNALE

PAR

Maurice PAIN

DOCTEUR EN DROIT

AVEC UNE PRÉFACE

DE

Paul MIMANDE

PARIS

SOCIÉTÉ D'ÉDITIONS SCIENTIFIQUES

4, Rue Antoine-Dubois

PRÉFACE

Quand l'auteur de ce livre est venu me prier de collaborer avec lui pendant quelques pages, sous forme de préface, je me suis tout d'abord récrié en lui entendant prononcer un mot qui est à la fois si redoutable et si justement redouté.

Vous demandez une préface, ai-je répondu, c'est me faire beaucoup d'honneur ; malheureusement, je ne possède aucune des conditions essentielles que l'on exige d'un préfacier tant soit peu digne de ce titre, et en vous adressant à moi, cher Monsieur, vous vous êtes trompé de porte. Je peux, toutefois, vous donner un conseil : celui d'aller trouver M. X... ou M. Z..., personnages hauts en cravate, érudits notables, savants classés. Entre nous, je sais très bien que la prose précieuse dont ils daigneront vous gratifier ne sera pas lue davantage que ne le serait la mienne — car les coupe-papiers ont cessé, depuis longtemps déjà, de s'égarer entre des feuillets ornés de l'une quelconque des rubriques « avertissement, avant-propos, » etc. — mais qu'importe, pourvu qu'un nom décoratif brille sur la couverture de votre volume et que le prestige de ce nom attire l'acheteur comme le miroir attire l'alouette?

Ces raisons, pourtant péremptoires, ne convainqui-
rent pas M. Maurice Pain. Très aimablement, il
insista, et comme le sujet de son travail est de ceux
qui me passionnent et font toujours frétiller ma plume
au bout de mes doigts, ma modestie a fini, après une
défense assez molle, je le reconnais, par battre la
chamade devant l'égoïste désir de placer une fois de
plus mon mot dans une controverse à laquelle, bien
souvent, je me suis mêlé.

Le problème de la colonisation pénale est extrêmement délicat et fort complexe, puisqu'il touche en
même temps à la sociologie, à la philosophie, à l'économie politique et au droit criminel. Suivant qu'on
l'envisage sous tel ou tel de ces divers aspects, on est
naturellement enclin à employer, pour le résoudre,
des méthodes très dissemblables ayant des objectifs
absolument différents. Cela suffirait, sans qu'il soit
besoin de rechercher d'autres motifs, à expliquer les
hésitations et volte-face doctrinales des législateurs et
des administrateurs qui se sont occupés de cette question, ainsi que les fâcheuses incohérences et contradic-
tions qui fourmillent dans les textes obscurs émanés
de leurs débats confus.

M. Maurice Pain a choisi le point de vue économique
et c'est avec le télescope de Beccaria qu'il nous montre
la colonisation pénale fonctionnant dans les deux possessions d'outre-mer, la Guyane et la Nouvelle-Calédonie, que nous avons vouées à cette expérimentation
du bagne utilisé. Son étude, très richement documen-
tée, très sincère et dont le style est aussi élégant que
le fonds est solide, présente un intérêt des plus vifs,
qui ne faiblit pas un instant. Tout le monde regrettera
qu'elle soit aussi courte. On se rend compte, en effet,

qu'au rebours de tant de gens qui bavardent à propos de ce qu'ils ignorent, l'écrivain ne nous livre pas tout ce qu'il sait; et l'on ne peut s'empêcher de le quereller de ce que, ayant réuni de si nombreux matériaux dont il se sert habilement, il n'ait point jugé convenable de bâtir un plus vaste édifice.

Pour aujourd'hui, il s'est borné à examiner certains points qui sont, d'ailleurs, d'une gravité capitale :

Que doit-on penser du principe même de la transportation par rapport à l'utilisation du travail des forçats?

Quels avantages ou inconvénients a-t-on recueillis de son application? et, par voie de conséquence, y a-t-il lieu soit de maintenir, soit de supprimer, soit de modifier ce système de répression?

La première partie du livre est consacrée à l'historique de la transportation dont les états de services remontent à l'antiquité la plus reculée, mais qui ne s'est introduite chez nous que depuis 1854, et cela beaucoup moins en raison de son vénérable passé juridique ou même d'un plan de colonisation nettement arrêté, qu'à la faveur de l'esprit d'imitation et de l'anglomanie. On peut dire que cette méthode est née d'une légende : la légende du Botany-bay. En voyant Sydney, Melbourne, Adelaïde, Brisbane, sortir de terre comme par enchantement et subitement transformés de bourgades infimes en cités magnifiques, grâce, disait-on, à quelques milliers de gredins dont se débarrassait la Grande-Bretagne, nous avons été éblouis et nos hommes d'État furent persuadés qu'en dégorgeant les bagnes de Toulon et de Rochefort au profit d'une ou plusieurs terres exotiques, ils accompliraient, eux aussi, des merveilles. En cette circonstance, ils firent preuve d'une singulière ignorance concernant les choses d'Australie. Et l'on eut ce spectacle curieux et piquant, en vérité, qu'au moment où la France prenait le parti de transporter, à l'instar des Anglais, ses criminels, le gouvernement britannique, effaçant de ses codes la transportation, rapatriait ses convicts et rétablissait les bagnes métropolitains. Partout, sauf en Espagne, en Portugal et en Russie, où l'on hésitait beaucoup à le garder, ce mode d'exécution de la peine des travaux forcés était abandonné.

Ce n'était pas bien encourageant. Néanmoins, nous persistâmes et voilà plus de quarante années que nous envoyons tous nos forçats de l'autre côté de l'Océan. Même, depuis 1885, nous embarquons nos récidivistes.

Après un pareil exemple je pense qu'on n'osera plus soutenir que nous sommes un peuple inconscient, léger et versatile, comme de méchantes langues ont voulu le faire croire.

Aurions-nous donc, par aventure, trouvé presque malgré nous et sans trop nous en douter un élément de colonisation type et réellement adéquat à nos besoins?

M. Maurice Pain nous donne là-dessus, dans sa deuxième partie, son opinion qui peut se résumer ainsi : Il n'est point d'avis que si la transportation n'existait pas, on devrait l'inventer, et il conteste qu'elle ait rendu, au point de vue colonisateur, des services très signalés, mais tout compte fait et le bilan dressé, il estime que, mieux et autrement dirigée, elle peut se rendre utile et qu'on doit la maintenir, à condition qu'on lui fasse subir de sérieuses retouches.

Ses conclusions sont les miennes. Toutefois, je pense qu'il ne m'en voudra point de lui dire qu'à mon humble avis le jugement qu'il porte sur les résultats obtenus au moyen de la colonisation pénale est trop sévère.

Je reconnais volontiers que les tentatives faites à la Guyane ont échoué, mais, vraiment, est-ce bien la faute de la transportation? Quelle expérience de colonisation n'a pas échoué lamentablement dans ce triste pays, depuis la fameuse expédition des Douze Seigneurs de Rouen jusqu'à la non moins fameuse expédition organisée sous les auspices de Choiseul, en 1762, et qui aboutit à la mort de treize mille infortunés qui périrent de maladie, de misère et de faim sur les côtes de Kourou et sur les rochers des Iles du Salut, les mal nommées? Napoléon Ier réussit-il mieux que Louis XV et Louis-Philippe eut-il plus de succès que Charles X?

Choisir la Guyane comme jardin d'essai équivalait à la certitude d'un échec. Et, cependant, la transportation a su fonder, à Kourou même, un très vaste pénitencier agricole qui serait florissant, j'ose l'affirmer, si l'on trouvait à vendre le café, le cacao, les légumes, les fourrages qu'on y fait pousser et si l'on exportait les bois précieux de son chantier forestier. N'oublions pas, non plus, qu'elle a créé au Maroni le joli bourg de Saint-Laurent ainsi qu'une importante sucrerie à laquelle il ne manque, pour bien fonctionner, que d'être bien administrée. C'est peu, c'est insuffisant, j'en tombe d'accord, mais enfin, c'est quelque chose, et si médiocre que soit ce quelque chose, il acquiert une certaine importance de ce fait qu'en dehors de lui il n'y a *rien*.

Les concessions rurales — on aurait dû le comprendre — ne pouvaient pas être une source de richesse agricole, par ce double motif que les Européens ne sauraient sans danger mortel creuser avec une bêche ou avec une pioche le sol Guyanais peuplé de microbes, et que la première condition pour faire de la culture, c'est d'avoir des débouchés. On a cru trouver un remède à l'un de ces inconvénients rédhibitoires en transportant des condamnés arabes. M. Pain constate avec raison que le remède a été pire que le mal, car il a engendré la prostitution, et celle-ci, rencontrant un « habitat » très favorable, a parfaitement poussé sur le sol du Maroni : c'est même à peu près tout ce qu'on y moissonne.

L'amendement du criminel étant, dans de pareilles conditions, une irréalisable chimère et, d'autre part, la rigueur du climat s'opposant, comme je viens de le dire, à l'utilisation normale de la main-d'œuvre européenne, tout ce qu'on pouvait raisonnablement attendre de l'envoi des convicts à la Guyane, c'était la construction de quelques routes et le maintien d'un certain mouvement commercial causé par la présence d'une garnison et d'un nombreux personnel de fonctionnaires et de surveillants. Nos concitoyens de là-bas s'en rendent eux-mêmes si bien compte, que le jour où l'on fit mine de céder aux bruyantes protestations périodiquement fulminées par leurs élus contre le voisinage humiliant du bagne, ils pétitionnèrent en masse afin de supplier le Gouvernement de rester sourd à cette phraséologie.

Espérons, au contraire, qu'on lui prêtera une oreille bienveillante et qu'on délivrera la Guyane de son bagne. Cela, peut-être, la réduira à la portion congrue ; mais combien un tel inconvénient serait largement compensé par l'avantage d'utiliser plusieurs milliers d'ouvriers dont les bras pourraient être employés ailleurs d'une façon profitable à la chose publique !

En Nouvelle-Calédonie, on a eu tort, selon moi, de considérer la colonisation pénale comme l'adversaire-né de la colonisation libre, tandis qu'elle est en réalité son soutien le plus efficace, son appui le plus ferme et qu'elle lui fournit d'incontestables éléments de vitalité. Je demande qu'on se dégage des préjugés du parti pris ou de l'intérêt personnel et que l'on m'indique où l'on trouverait, en dehors du bagne, assez de mineurs pour exploiter les inépuisables gisements de nickel, de cobalt et de chrôme que recèlent les flancs de ses magnifiques montagnes. Et qui donc, sinon les pensionnaires du bagne, ont cultivé ces cent dix mille hectares qu'on a si amèrement reproché à l'État de s'être réservés ? Pourquoi, aussi, se refuse-t-on à comprendre que les enfants d'origine pénale élevés dans les écoles de Néméara et de Teremba sont une pépinière d'excellents colons, de colons inappréciables, puisqu'ils présentent cette rare particularité qu'ils n'auront jamais le désir de quitter le pays afin de s'en aller, après fortune faite, vivre de leurs rentes sur le continent ? Certes, il est nécessaire de séparer le domaine pénitentiaire du territoire occupé par les honnêtes gens et de ne point exposer les citoyens libres à un contact répugnant avec des hommes qui ne sont plus ni l'un ni l'autre ; élevons la barrière, agrandissons le fossé, si on les trouve insuffisants ; rien de plus légitime et aussi de plus facile. Mais, pour Dieu, gardons-nous de supprimer une main-d'œuvre dont on aura bien de la peine, quoi qu'on dise, à trouver l'équivalent.

J'aime beaucoup, quant à moi, la Nouvelle-Calédonie et c'est parce que je l'aime, parce que je voudrais voir ce pays aussi prospère qu'il est séduisant et charmant, que je désire le maintien sur son sol des établissements pénitentiaires dont l'organisation et le fonctionnement devraient être profondément modifiés, car, j'ai hâte de le dire, le régime actuel a besoin d'être rajeuni. Il faut élaguer, tailler, couper, rogner avec de bons ciseaux.

De graves réformes s'imposent et M. Pain nous en trace le plan dans la troisième partie de son ouvrage, qui n'est pas la moins intéressante et qui sera vraisemblablement la plus discutée. L'idée maîtresse de son projet, est la création de « brigades volantes » qui seraient mises à la disposition de toutes les colonies où l'on aurait de grands travaux d'utilité publique à exécuter. Aux forçats proprement dits, on joindrait l'embarrassante armée de ces individus que nous appelons fort improprement des libérés, c'est-à-dire les convicts qui, ayant subi leur peine, restent soumis à l'internement temporaire ou perpétuel dans la colonie pénitentiaire.

Ce système me paraît bien contenir en lui, « l'avenir du problème », pour employer l'expression de M. Pain. Il aurait comme conséquence immédiate une répartition infiniment plus profitable des contingents dont le crime est l'impitoyable recruteur. L'appliquera-t-on prochainement ? je le souhaite ardemment, quoique, à dire vrai, je craigne beaucoup qu'on lui fasse pendant assez longtemps « marquer le pas » derrière la routine.

Je vois déjà les mauvaises volontés accourir pour lui barrer le chemin et fortifier les obstacles naturels qu'il rencontrera, obstacles nombreux et dont le plus

sérieux sera la difficulté de concilier l'organisation des
« brigades volantes » avec la nécessité de ne pas compromettre l'amendement moral des hommes composant ces cohortes nomades. On ne doit, en effet,
jamais perdre de vue que la colonisation pénale n'a
pas seulement pour but d'aider à la mise en valeur
de nos possessions lointaines, mais que son objectif le
plus important — oui, le plus important et de beaucoup — est de corriger et d'améliorer les misérables
qu'on y emploie. La société a une responsabilité vis-à-
vis de ces hommes dont beaucoup sont au bagne par
sa faute et sa très grande faute, parce qu'elle n'a su
ni les préserver de l'extrême misère instigatrice du
mal — *abyssus abyssum invocat* — ni les arracher aux
milieux empoisonnés où ils se sont dépravés ; elle a
un devoir impérieux à remplir et qui prime toutes les
autres considérations : le devoir d'essayer de les guérir. Or, la guérison ne peut être obtenue que par un
traitement très rigoureux d'orthopédie morale dont on
ne saurait négliger aucun des éléments fondamentaux,
ni intervertir les phases successives : classement rationnel des condamnés d'après leurs antécédents, la nature
de leur faute, leur conduite ; gradation méthodique des
châtiments et récompenses ; sélection parmi les sujets
les meilleurs ; appel à l'initiative individuelle ; développement de l'instinct de propriété au moyen de concessions de terres : appel au sentiment familial au
moyen du mariage et de la création d'un foyer.

On voit que le régime nouveau sera assez compliqué ; mais, en somme, il ne se heurte à aucune impossibilité et je suis persuadé qu'on réussira, si l'on s'en
préoccupe, à le formuler avec une précision suffisante
pour que les fabricants ordinaires de règlements admi

nistratifs soient en mesure de le découper convenable-
ment en articles de lois, décrets et arrêtés organiques.

Je viens d'indiquer les points principaux développés
par M. Pain. A la longueur de mon résumé, on peut
juger que son livre contient beaucoup d'idées.

Paul MIMANDE.

Juin 1898.

INTRODUCTION

L'article 15 du Code pénal s'exprimait ainsi :

« Les hommes condamnés aux travaux forcés seront employés aux travaux les plus pénibles... »

L'article 2 de la loi du 30 mai 1854 a modifié ce texte :

« Les condamnés seront employés aux travaux les plus pénibles de la *Colonisation* et à tous autres *travaux d'utilité publique.* »

Coloniser, tel était donc le but nouveau que le législateur, rompant avec les traditions de Toulon et de Rochefort, se proposait d'atteindre.

Il ne s'agissait plus seulement d'éloigner, — et à quel prix! — la masse toujours grandissante des malfaiteurs, des criminels, et de les arracher aux tentations troubles et aux ambiances malsaines qu'ils rencontraient dans la Métropole.

Méthode empirique qu'ont suivie tous les peuples, à toutes les époques[1].

---

1. Cf. *Exode*, XXI, 13. — *Deutéronome*, XIX, 3 et 4. — Chez les Grecs, l'exil infamant, opposé à l'ostracisme; chez les Romains, l'interdictio tecti, aquae et ignis. Cf. aussi, BODIN, *République*, livre VI, de la Censure, Moyens de chasser les vagabonds et vermine de la République : « ..... afin de chasser des Républiques, les mouches-guêpes qui mangent le miel des abeilles, et bannir les vagabonds, les fainéants, les voleurs, les pipeurs, les rufiens qui sont au milieu des gens de bien, comme les loups entre les brebis. » Cf. TEISSEIRE, *Transport. pén. et relégation*, Paris, 1893.

Ce qu'on voulait pour l'avenir, c'était demander aux criminels frappés par la société, avec l'expiation de leurs fautes, leur rachat par un travail utile pour tous; et les forcer à contribuer à la sauvegarde des intérêts nationaux dans la lutte coloniale des peuples.

Aujourd'hui, nos colonies sont immenses; sur les 8 ou 9 millions de kilomètres carrés qui les composent — seize fois la superficie de la France — 3 millions de kilomètres sont susceptibles d'exploitation immédiate[1].

Il fallait y appeler les hommes et les capitaux et, pour cela, les doter de travaux publics, de ports, de routes, de chemins de fer, de canaux, d'un « outillage » enfin. Cet outillage est la condition indispensable d'une complète pacification, il permet, avec l'accès des marchés les plus éloignés, la pénétration des contrées les plus riches : on songea donc à mettre les transportés au service de notre expansion coloniale.

L'œuvre à laquelle se consacrait le législateur était difficile. Il s'y donna tout entier. Mais il semble que le problème a suivi dans sa marche une lente évolution. Aux débuts de la législation nouvelle, tout en voulant respecter les termes précis de l'article 2 de la loi de 1854, on confond dans une même pensée l'œuvre d'expiation et l'œuvre de colonisation sans en différencier les éléments, pourtant si dissemblables. D'ailleurs, à cette époque, les esprits ne sont pas encore très attentifs aux choses coloniales; dans les commissions parlementaires, si l'on convient que « le rôle de la transportation, c'est d'être le pionnier de la civilisation, et de lui ouvrir les voies dans les contrées encore inexplorées[2], » ce sont les préoccupations purement

1. Schrader, *Géographie moderne.*
2. *Rapport présenté au nom de la Commission parlementaire sur le régime des établissements pénitentiaires* par M. le vicomte d'Haussonville.

pénales, humanitaires et philanthropiques qui font surtout l'objet des discussions : on étudie le régime hygiénique des transportés, leur régime moral, et les mesures disciplinaires qui devront leur être appliquées. Ces questions s'imposent sans doute à la naissance d'une législation. C'est la période en quelque sorte subjective; on considère le transporté comme individu et non comme force agissante, et on s'inquiète plus des gradations à marquer dans le processus de la peine que des résultats dont elle est susceptible : le côté colonial, bien que prévu, est laissé dans l'ombre, l'administration pénitentiaire, suivant la tendance de l'époque, cherche et atteint une presque autonomie où elle tâche à se laisser oublier.

Mais le problème, bientôt, se présente sous une autre face. Notre expansion coloniale intéresse les esprits : ils suivent les débats parlementaires et se passionnent. On rêve de mettre en valeur le domaine de la « plus grande France » qui s'étend chaque jour.

Après avoir prôné la politique d'expansion, on préconise la politique de mise en valeur, on parle de l' « âge de l'agriculture[1] », on invoque le « devoir colonial[2] ». Alors, et peu à peu, le côté subjectif de la question de la transportation s'atténue, s'efface.

Si nous possédons dans les colonies dites pénales, Guyane ou Nouvelle-Calédonie, des bras utilisables, des forces supérieures qui constituent une main-d'œuvre toujours prête, pourquoi ne pas les employer à préparer nos possessions à la colonisation libre, à les disposer pour la réception des colons hésitants?

Pourquoi ne pas faire du transporté lui-même, à sa libération, un agent actif de colonisation individuelle?

---

1. CHAILLEY-BERT. Conférence à l'Union coloniale le 19 mars 1896

2. GIDE, Conférence faite au congrès de l'Association protestante pour l'étude pratique des questions sociales.

— Là, est le côté objectif de la question, combien plus actuel et inquiétant que l'autre : celui-là ne touchait guère qu'à des moralités douteuses et à des consciences déchues où le sentiment trouvait à peine à s'exercer ; celui-ci, au contraire, tient aux destinées mêmes de quelques-unes de nos possessions d'outremer et intéresse toutes les autres. Le problème actuel de la colonisation pénale est avant tout un problème économique ; c'est à ce point de vue qu'on l'étudiera dans cet ouvrage.

On fera donc la monographie d'un phénomène économique : étude délicate et complexe, en raison des éléments divers qui y entrent et s'y pénètrent. D'autre part, s'il a été beaucoup écrit sur la transportation, ç'a été sans sortir des limites — trop étroites à ce point de vue — du Code pénal. Il faudra chercher ailleurs que dans les traités juridiques, si nombreux, des documents exacts sur l'état économique de la question. C'est aux faits, et aux faits seuls, qu'on demandera des enseignements.

On étudiera d'abord quels ont été les précédents du problème et comment des nations étrangères nous ont donné des exemples que nous avons parfois mal compris. On recherchera, notamment, quelle a été la formule exacte de la colonisation australienne, si les convicts ont fait autant pour l'Angleterre que le veulent encore beaucoup d'esprits distingués. La Russie et la transportation en Sibérie et à l'île de Sakhalin, l'Espagne donneront aussi des renseignements utiles et des comparaisons profitables. Tel sera l'objet de la première partie.

Dans une seconde, on suivra la législation dans son évolution. On analysera la loi de 1854, et les décrets qui l'ont suivie et en ont dévié l'orientation. C'est alors qu'on pourra aborder l'appréciation des résultats

que cette réglementation a apportés, soit à la Guyane,
soit à la Nouvelle-Calédonie, puisque c'est à ces deux
seules colonies que les essais se sont bornés, ou à peu
près, et le sujet se divisera de lui-même, selon les
catégories des individus employés, transportés, concessionnaires, libérés, relégués, etc. Il importera de
déterminer la contribution qu'ils ont apportée à la
colonisation, leur rôle, leur utilité, leurs responsabi-
lités dans la situation actuelle.

La troisième partie de cette étude cherchera à dégager les données actuelles du problème, à interroger
son avenir; quelles espérances on peut fonder sur la
main-d'œuvre, quelle force utilisable elle peut fournir,
quels travaux elle doit exécuter, autant d'éléments
qui y trouveront leur place. Enfin, l'étude des procédés d'utilisation proposés — différents quant au
but; différents quant aux moyens — permettra une
conclusion.

Peut-être y a-t-il présomption à vouloir conclure
dès aujourd'hui sur des questions encore quelque peu
indécises et flottantes : Il paraît, cependant, difficile
de croire, comme on l'a dit, que l'examen de telles
questions soit prématuré.

Au surplus, il y a un intérêt à mettre les choses
au point', à voir ce qu'est la situation à l'heure
actuelle, à étudier les solutions de tous ceux qui se
sont attachés au problème, et à la chercher soi-même.
C'est assurément une tâche difficile.

---

1. Des décrets récents (1894 et 1895) ont modifié la législation
antérieure.

PREMIÈRE PARTIE

LES PRÉCÉDENTS

Quelques nations étrangères, la Grande-Bretagne, l'Espagne, la Russie, offrent à l'étude des expériences susceptibles de donner des enseignements féconds, d'autant plus intéressants qu'ils furent plus discutés et qu'ils eurent des fortunes diverses.

Leur examen s'impose à cette place et doit précéder celui de nos institutions qui sont, en quelque sorte, issues des législations étrangères, peut-être mal étudiées et mal comprises, et particulièrement des traditions anglaises, dont le succès, croyait-on, écartait tout souci de justification. Il s'agit donc, on le voit, non seulement d'établir un point de législation comparée, mais surtout d'étudier, en remontant à sa source, le cours d'une évolution qui est encore loin de s'arrêter.

CHAPITRE I

La Grande-Bretagne et la transportation pénale en Australie.

------

§ 1.

C'est une histoire toujours vieille et toujours nouvelle que celle de la colonisation pénale de l'Australie par la Grande-Bretagne.

Si, d'après les voyages du commodore Philipp, les beautés du pays, les facilités et les douceurs du climat ont été souvent décrites, on ne paraît guère s'être soucié jusqu'à ces dernières années de l'expérience économique qui sembla s'y être affirmée. Vers 1840, on en a constaté le vif succès, sans se demander pourquoi il s'était trouvé arrêté tout à coup.

Il y avait dans ces relations un peu d'imagination — elle s'attache toujours aux lointaines aventures — et beaucoup de sentiment, inévitable devant les premiers efforts et les premières luttes d'une colonie naissante et mal connue. Depuis quelques années cependant, on paraît avoir cherché à dégager les inconnues du problème qui s'est posé dans la Nouvelle-Galles du Sud, de 1788 à 1860, avec une âpreté et une violence inouïes. Mais il faut bien revenir ici sur ces faits et en apprécier le but et le résultat.

On se rappelle, sans doute, que la transportation, réduite au début à l'abandon de la patrie[1], fut bientôt confondue avec le bannissement[2] et devint, par la suite, un élément important des institutions pénales anglaises. Le bill de 1718 désignait les colonies de l'Amérique septentrionale pour les condamnés à une détention de trois ans et plus.

L'insouciance du gouvernement anglais était inconcevable : il traitait à forfait avec les armateurs pour le transport des condamnés, et ceux-ci, pour se rémunérer, vendaient leur marchandise humaine à des planteurs ; c'était la traite des blancs, à laquelle échappaient les riches, qui, seuls, pouvaient payer leur passage[3]. Il ne s'agissait pas, on le voit, d'apporter aux établissements coloniaux une main-d'œuvre dont ils manquaient et une population de régénération et d'avenir ; il convenait simplement de se débarrasser du nombre croissant des malfaiteurs[4]. C'est la conception la plus ancienne : l'éloignement de celui

1. FOINITSKI et BONET-MAURY, *Transport. russe et anglaise.* Paris, Lecène et Oudin, 1895. Le criminel devait prêter serment devant le coroner qu'il quittait sa patrie pour toujours. C'est l'abjuration *of the realm* ou renoncement à la patrie. Elle se retrouve dans la Magna Charta et cesse, comme le droit d'asile dont elle dérivait, sous Jacques Iᵉʳ.

2. Le statut de 1597 donne aux juges le droit de condamner au bannissement dans certaines possessions coloniales les « vagabonds incorrigibles ». Le statut de 1677 y ajoute les « mendiants impudents ». Il semble qu'il y eut, dès Jacques Iᵉʳ, un essai de peuplement de l'Inde anglaise.

3. RAYNAL, *Histoire philos. et polit. des établissements et du commerce des Européens dans les deux Indes.* Paris, 1783, t. VII. « Les serviteurs chrestiens se payent dix livres sterling pendant que les riches sont simplement bannis. »

4. DE BLOSSEVILLE, *Histoire de la colonisation pénale et des établissements de l'Angleterre en Australie.* Évreux, 1859, ch. III. « Le but de cet acte législatif (le statut de 1717) était bien plutôt de trouver un réceptacle pour les malfaiteurs de la vieille Angleterre que de contribuer à la prospérité des établissements coloniaux. »

qui a fait le mal. Toute idée d'humanité, de moralisation en est absente. La transportation américaine favorisait seuls les intérêts les plus vils [1] et ne pouvait être érigée en théorie philosophique ou économique.

La question devait changer d'aspect vers 1775, avec la révolte des colonies de la Nouvelle-Angleterre. Quelle destination donner aux condamnés dont on ne voulait à aucun prix subir la présence dans la Métropole?

Après des hésitations, on se décida enfin [2] pour la Nouvelle-Hollande, la « terra australis incognita » qui avait tant préoccupé les géographes récemment découverte par Cook. Et dès 1787, le premier convoi était prêt pour le départ. C'est dire assez le peu de préparations employées pour transformer le système pénal, et la précipitation de décisions nécessaires [3]. Il paraît donc superflu d'avoir à écarter toute idée préconçue de colonisation que le Cabinet de Saint-James aurait eue dès cette époque. On a vu dans le projet d'une colonie sans but spécial d'exploitation — canne, coton, épices, minerai — un progrès économique et l'abandon des routines de la colonisation européenne [4].

Rien de plus inexact. Au début, la Nouvelle-Galles du Sud apparaît comme un bagne lointain; elle se refuse à tout projet d'émigration libre, qui aurait pu trouver dans les Convicts des auxiliaires précieux [5].

---

1. FOINITSKI et BONET MAURY, *op. cit.*

2. Malgré les efforts de Howard et de Bentham, dont les noms sont restés attachés à la théorie des pénitenciers métropolitains.

3. « Il est évident que l'établissement de la Nouvelle-Galles du Sud fut originairement formé avec une extrême précipitation et une extrême négligence ». Discours de Sir James Mackintosch à la Chambre des Communes, le 4 juin 1822.

4. DE BLOSSEVILLE, *op. cit.*, ch. V.

5. Lord Sidney, premier Secrétaire d'État, et Lord Napean, sous-secrétaire d'État chargé de la Colonie de la Nouvelle-Galles, préconisaient ce moyen.

Le ministère de Georges III décida que la transportation devait précéder l'émigration.

Le 13 mai 1787, avec le départ de la flotte commandée par le capitaine Arthur Philipp, commence la première période de la colonisation australienne. Elle va jusque vers 1810. C'est celle où les convicts forment à eux seuls le noyau de cette société naissante; elle reste longtemps sans la moindre trace d'éléments libres. Situation particulière qui a dû donner naissance à la légende partout répandue des Convicts jetés sur une terre jusque-là inconnue, et peu à peu, par leur labeur, leur intelligence, leurs efforts combinés, et sans l'aide de la Métropole, arrivant à créer une colonie admirable de développement et de civilisation.

La suite prouvera que cette période, si elle fut décisive, ne mérite pas la créance qu'on lui accorde et n'a pas donné à l'Australie l'élan primordial qui l'a conduite à la grandeur.

Philipp jeta l'ancre à Botany-Bay, le 20 janvier 1788; ce port naturel, malgré l'avenir que Cook et Banks lui avaient prédit, était insuffisant et ne présentait sur ses bords que des sables immenses et des marécages insalubres. Philipp chercha donc une baie plus hospitalière et c'est à Port-Jackson qu'il jeta, le 26 janvier, les premiers fondements de Sidney. Avec la petite population[1] qui devait composer la colonie, il se mit immédiatement à l'œuvre. — Les débuts laissèrent vite prévoir à quelles difficultés il devait se heurter dans la suite. Le gouverneur comprit combien il lui serait dificile de fonder un établissement stable avec

---

1. Elle comprenait environ 1 040 personnes, se décomposant ainsi 178 soldats, 40 femmes libres; condamnés : 565 hommes et 192 femmes. Ces chiffres forment la moyenne des approximations de Huntes, de John White et, plus récemment, de Mossmann.

les éléments confiés à sa direction. Les condamnés venaient tous de Londres ou des grandes villes manufacturières du royaume : ils étaient par leur origine même inaptes aux travaux des champs et à ceux de la construction dont la nécessité s'imposait à ce pénible début[1]. Le gouverneur choisit 112 d'entre eux, les moins impropres à ces travaux, pour abattre dans une forêt voisine les bois destinés aux premières cases, aux enclos pour les bestiaux[2] et dresser des tentes pour les malades. Les travaux de défrichement se faisaient par tâches soigneusement délimitées, et dans un temps précis. Le travail achevé, les condamnés avaient la faculté de travailler à l'amélioration de leur propre sort. Mais leur paresse était inconcevable[3].

Le scorbut apparut : au mois d'avril 1788, un seul bâtiment de 100 pieds sur 25 était achevé. On avait voulu tout commencer à la fois : magasins à vivres, hôpitaux, huttes pour les convicts. Il y avait près de 200 malades, auxquels on ne pouvait demander de grands efforts. Le bois de charpente tiré des forêts était de qualité inférieure ; on manquait de ciment[4].

1. V. sur ces points : *Voyage du gouverneur Philipp à Botany-Bay avec une description des colonies du Port-Jackson et de l'île de Norfolk. Fait sur les papiers authentiques des divers départements, auxquels on a ajouté les journaux des lieutenants Shortland, Wath, Ball et du capitaine Marshall avec un récit de leurs nouvelles découvertes. Traduit de l'anglais*, à Paris, 1782.

2. On avait embarqué au Cap 1 taureau, 7 vaches, 1 cheval, 3 juments, 3 poulains, 28 porcs et 44 béliers et brebis. *Voyage du C[e] Philipp, op. cit.*

3. DE BLOSSEVILLE, *op. cit.*, ch. XIII. « Ils (les convicts) travaillaient bien plus comme des journaliers..... que comme des colons intéressés au succès... »

4. *Souvenirs d'un déporté à la Nouvelle-Galles du Sud rédigés par lui-même* (MELLISH, Souvenirs parus dans le London Magazine); *Revue Britannique*, sept. 1826 : « Il y en a un (dépôt)... où l'on est employé à fabriquer la chaux, le plus dur metier..... on tire cette chaux des écailles d'huitres, elle vous entre dans les yeux et vous aveugle, ou elle vous arrive à la gorge et vous brûle les poumons ».

.A cette époque, un convoi de condamnés commandé par le lieutenant King allait s'établir dans l'île de Norfolk, au nord-ouest de la Nouvelle-Zélande.

La Nouvelle-Galles du Sud, cependant, ne voyait pas son avenir se dessiner nettement. Malgré la salubrité du climat, vingt-sept convicts étaient morts et cinquante-deux en traitement à l'hôpital. Les taureaux, les brebis, les génisses s'enfuyaient. Les infirmités ou l'âge éloignaient les transportés de bien des travaux. « Ce simple fait accuse bien haut les hommes d'État qui auraient dû tout prévoir[1]. » Bref, au bout de huit mois de séjour, c'est à peine si on possède une équipe de maçons capables de construire des baraquements.

Les pluies ont inondé et détruit un essai de briqueterie ; le mauvais vouloir des travailleurs augmente avec leur faiblesse physique ; et les femmes qui ont été amenées par le premier convoi restent inutilisées ; leur âge les écarte généralement du mariage, tant souhaité par Philipp, et rend illusoires leurs travaux.

Philipp n'en avait pourtant pas fini avec les déconvenues et les malheurs qui assaillirent sans trêve son énergie. De 1787 à 1794[2] la colonie eut à souffrir en quelque sorte périodiquement de la famine. Dès 1788, la récolte de grains menace d'être insuffisante. Les rations distribuées sont diminuées[3] et la part de ceux qui sont incapables de travailler est réduite au tiers de la portion intégrale.

En novembre 1789, nouveau manque de vivres : la portion réduite des hommes devient égale à celle des

1. DE BLOSSEVILLE, *op. cit.*, ch. XII.
2. V. sur ce point la relation du juge avocat COLLIN : *Collin's account of the english colony of New South Wales* (t. I).
3. Réduites à une livre de farine par tête.

femmes. A Rose-Hill, la colonie n'a récolté que 260 boisseaux de blé et 35 d'orge ; à Sidney, 25 boisseaux d'orge. C'est encore une menace de disette. — Bref, depuis plus de vingt-quatre mois, elle attendait des secours de l'Angleterre ; ils n'arrivaient pas, et la colonie voyait approcher le jour où elle ne pourrait plus se suffire. Philipp envoya à l'île de Norfolk, plus hospitalière, un contingent de convicts. Et Sidney présentait peu de jours après sa naissance les signes même de la mort[1] : le peu de convicts qui y demeurent, voient leurs rations encore une fois réduites — et, par là leur travail se trouve diminué d'autant. — Enfin le 3 juin 1790, le *Lady Juliana* apportait, avec l'espoir, quelques provisions et débarquait 222 femmes âgées et infirmes. C'étaient seulement les « épaves d'un grand naufrage » celui du *Guardian* qui, après avoir heurté une banquise, avait dû regagner le cap avec son chargement[2] : des vivres pour deux ans, des vêtements et des instruments aratoires. Le 20 juin, le *Justinian* accostait, et le 25, la *Surprise,* le *Scarborough*, le *Neptune* arrivaient avec des contingents considérables de convicts. L'Angleterre n'avait donc jamais abandonné l'Australie, et si on a pu un moment croire à ses dédains pour une colonie éloignée et jusque-là inutile, c'est à des hasards malheureux qu'il faut seulement les attribuer. Car la colonisation australienne tout entière a failli sombrer avec le *Guardian*.

Avec l'arrivée des vivres, le travail fut repris. A Sidney, dans l'île de Norfolk, à Rose-Hill, où les plans d'une ville était tracés, des équipes nombreuses de convicts furent envoyées pour activer les travaux[3].

---

1. DE BLOSSEVILLE, *op. cit.*, ch. XIV.
2. *Voyage du Cie Philipp.*
3. COLLIN'S, *op. cit.*

Les derniers navires arrivés avaient apporté des instructions qui laissaient percevoir un projet de colonisation libre. Ils annonçaient quels avantages seraient accordés aux planteurs. Tandis qu'on s'occupe activement de la création des magasins publics, de la construction des maisons, d'un chemin de la briqueterie à la ville, d'un atelier de vêtements pour les femmes, le Gouverneur offre aux Officiers non commissionnés[1] une concession de 130 acres[2] de terrain. Les autres émigrants ont droit à 80; le mariage leur vaut un supplément de 20 acres. Les concessionnaires recevront des instruments agricoles et auront à leur disposition, suivant l'étendue de leur exploitation, un certain nombre de convicts. Ces mesures avaient sans doute pour but d'appeler à la Nouvelle-Galles des bonnes volontés qui lui manquaient. La perspective de passer sa vie côte à côte avec un monde de repris de justice, dans un pays encore inconnu, et nullement préparé, après huit mois de traversée, pouvait écarter même des Officiers de l'armée britannique[3]. Ses représentants paraissent avoir été assez malheureusement choisis. Ils n'avaient pas la forte santé morale nécessaire pour s'imposer à des faibles et à des pervertis. Et trop souvent le Gouverneur eut à leur reprocher la dissolution de leurs mœurs et leur âpreté au gain — même illicite[4].

1. DUNMORE LANG'S, *Historical account of New South Wales*, t. I.
2. L'acre vaut 40 ares 46 centiares.
3. FOINITSKI et BONET MAURY, *op. cit.*
4. DE LA PILORJERIE, *Histoire de Botany Bay,...* « Il semble que cette destination (la Nouvelle-Galles) ne parut aux officiers de l'armée ni très noble, ni très digne d'envie; il en résulte que les commissions furent accordées sans beaucoup de discernement et furent offertes pour ainsi dire à qui voulut bien les prendre ».
Et DUNMORE LANG (T. I). « Je suis décidément d'avis que la la formation du corps de la Nouvelle-Galles du Sud, était, au

Cependant, malgré les tâtonnements et les incertitudes, la vie devenait active dans la colonie grandissante. Lui souhaitant plus d'essor, Philipp permit aux convicts libérés, de fonder sous la tutelle de l'administration, des exploitations agricoles et de s'engager pour un an au plus, moyennant salaire, chez les planteurs[1]. C'était engager ceux-ci à apporter leurs capitaux et leurs bras à l'Australie. D'autre part, dès 1791, 13 convicts furent complètement émancipés, sans recevoir toutefois l'autorisation de quitter la colonie.

D'ailleurs, l'agriculture progressait sans cesse : les troupeaux se multipliaient. Il avait été construit un enclos de 140 acres pour ceux de la Couronne. Dans la colonie 920 acres donnaient un plein rendement. Les défrichements augmentaient chaque jour : à Paramatta 460 acres; à Sydney 278[2]. Et en 1792, la colonie comptait 4 000 Européens, 1 695 convicts, 168 femmes déportées et[3] déjà 1 881 colons libres. C'est un fait remarquable que cette affluence de colons libres attirés par les établissements pénitenciers et qui longtemps resta à peu près au même chiffre. Mais la disproportion des sexes était énorme ; elle propageait toutes les immoralités : c'est un mal dont paraissent atteintes toutes les colonies pénales.

De 1793 à 1810, se succèdent des gouverneurs nombreux[4] qui brisent souvent l'unité de la direction.

---

point de vue politique comme au point de vue moral, la mesure la plus malheureuse et la plus infortunée que le Gouvernement Anglais ait pu adopter envers ses établissements naissants sur la côte de la Nouvelle-Hollande ».

1. COLLIN, *op. cit.*

2. COLLIN, cité par Blosseville : Paramatta, blé de Turquie 3 000 acres, orge 6, avoine 1, vignes 4. Sidney, 150 acres cultivés pour le gouverneur, 28 pour les officiers, 90 pour les planteurs.

3. COLLIN, *op. cit.*

4. Grose, Paterson, King, Bligh.

L'alcool, jusque-là proscrit, commence à pénétrer et à exercer ses ravages. La main-d'œuvre que les colons ne trouvent pas à prix d'argent, s'obtient à prix de rhum. On a dit que les officiers ne restèrent pas étrangers à son importation et qu'ils en faisaient trafic[1]. Quelques-uns d'entre eux mieux inspirés, aidés par des agents de l'administration, fondèrent des établissements agricoles : il fut attribué un convict à chacun d'eux. Pourtant, malgré ces progrès, la famine était encore à redouter en 1793 et 1794. Cependant les condamnés arrivent de plus en plus nombreux ; d'autre part, l'émigration libre commence à s'imposer.

En 1796, l'Australie ne possède encore que 4848 sujets britanniques[2]. Et quand arrive Macquarie[3], cinquième gouverneur de la Nouvelle-Galles du Sud, si des routes ont été construites, si les champs commencent à nourrir la population, l'alcoolisme est devenu endémique, la moralité est aussi déplorable qu'au premier jour, et la masse des libérés revenant à ses premières habitudes, est plus redoutable que jamais.

Dès cette époque on peut dire que « la colonisation officielle a cessé d'exister[4] ». L'Australie n'appartient

1. De la Pilorjerie, *op. cit.* « Les officiers devenus courtiers et traficants accaparent les objets de première nécessité... et le rhum et établissent à leur profit le plus odieux monopole. »

2. Blosseville, *op. cit.*, ch. xx, et Collin : « il est vrai que 3638 étaient à la charge de l'État. »

3. C'est à cette époque que Marc Arthur reçut quatre brebis mérinos et un bélier sur un troupeau de vingt têtes venu du Cap. C'est l'origine des laines australiennes qui firent tant pour le développement de la colonie.

4. Foinitski et Bonet Maury, *op. cit.* Dunmore Lang, implicitement. De Lanessan, *L'Expansion coloniale de la France*, Paris, 1886, place cette date en 1793 ; or, à cette époque la colonisation libre est représentée par les officiers, les planteurs étant en nombre presque infime.

plus désormais en propre aux convicts ; tout au plus, offrent-ils leurs bras à la colonisation libre qui envahit chaque jour des terrains neufs, attirée par le climat et la mise en assignation des condamnés[1]. Tels sont les premiers débuts de cette colonie appelée à tant d'avenir. L'histoire de ses vingt premières années suffit amplement à détruire la vieille légende des convicts : l'Australie n'est pas une colonie abandonnée au hasard et favorisée par lui ; elle n'est pas une colonie fondée exclusivement par une population pénale. On vient de voir combien il lui restait à faire pour être sûre du lendemain, avant l'arrivée de l'émigration libre, et le mot du marquis de Mirabeau sur Rome ne peut lui être appliqué, comme l'a voulu M. de Blosseville. « Rome dut son embellissement à des malfaiteurs, mais leurs descendants vécurent plus de six cents ans sans connaître la mollesse. » Si les premiers pas des conquérants de ce monde nouveau furent peu assurés, c'est que la précipitation de la décision prise le voulait ainsi. Mais du jour où l'établissement fut décidé, la Grande-Bretagne mit tout en œuvre pour que le succès vînt couronner ses efforts et préparât l'avenir. Sans doute elle ne pouvait s'en porter garante. Et l'expérience présenta dans la suite une situation fausse qui, en atteignant la théorie pénale, sut épargner la vitalité de la colonie.

§ 2.

Macquarie trouva la colonie susceptible de développement : le nombre des habitants y progressait

---

1. Mérivale cité par P. Leroy-Beaulieu. *La Colonisation chez les peuples modernes*. Paris, 1891, 4ᵉ édition. « Les colons libres ne vinrent que sur le pas des criminels, attirés par la multitude des services et des fournitures qui résulte toujours du voisinage des grands établissements publics. »

chaque jour[1]. Il « ne céda pas non plus au découragemen
et pourtant les débuts de son administration furent
difficiles. L'agriculture languissait, la famine était
menaçante ; à quarante mille de Sidney commençait
le territoire impénétré ; le commerce naissait à peine.
le revenu de l'État n'était pas né.....; les édifices
publics tombaient en ruines, les routes et les ponts
étaient impraticables. Pas d'esprit public, pas de confiance, pas de foi, mais partout les éléments d'une
prospérité prochaine sous une habile direction ; de
grandes fautes sans doute, mais rien d'irréparable[2]. »
Il se mit donc à l'œuvre avec activité ; les émigrants
arrivaient de toutes parts, confiants dans l'avenir de
la colonie et dans le gouvernement qui leur accordait
l'aide des convicts. Macquarie, en effet, sut donner
une impulsion vigoureuse à la colonie ; c'est à lui
qu'on doit, au moins en partie, ce parallélisme de la
colonisation pénale et de la colonisation libre, qui
assura la prospérité du pays jusqu'au jour où il fut
rejeté.

Les travaux publics furent donc poussés avec une
activité et une vigueur inconnues jusque-là. Le rêve
du gouverneur était d'imposer la civilisation à ces
lieux incultes[3]. Des routes furent construites, on éleva
des hôpitaux, des églises, des banques, on creusa des
ports ou jeta des quais. Partout des défrichements
considérables furent exécutés.

Pour tous ces travaux, Macquarie avait besoin
de bras. Il les demanda aux transportés. Il semble
qu'avant de faire appel à l'immigration libre et à une

---

1. A la Nouvelle-Galles, 10 454 habitants, 2 220 femmes, 2 721 enfants, près des deux tiers illégitimes. — 4 277 habitants restent
à la charge du Trésor public. COLLIN, *op. cit.* — 20 000 acres sont
en culture, 74 000 en pâturage.

2. DE BLOSSEVILLE, *op. cit.*, ch. XXV.

3. FOINITSKI et BONET MAURY, *op. cit.*

population saine, il ait compris ce qu'on appelle aujourd'hui la préparation, l'outillage d'une colonie. La transportation tout entière servit momentanément à parfaire son œuvre[1]. Tous les hommes disponibles étaient employés aux travaux publics. Les planteurs se plaignaient de voir leur principal instrument de travail occupé à des opérations collectives qui, pour le moment, paralysaient leurs efforts individuels. Macquarie s'en souciait peu. Il espérait trouver dans le convict libéré, auquel le gouverneur, depuis son arrivée dans l'île, accordait une concession de terrain, un colon plus solide et plus vigoureux que l'émigrant qui prenait pied pour la première fois en Australie.

Il est vrai que l'émancipé, possesseur d'un lot de terre, devait pourvoir à ses propres besoins et ne rien demander au Trésor. S'il le faisait, il retournait à sa condition première de transporté condamné[2]. Système d'une telle valeur que la colonie pouvait bientôt se suffire à elle-même, ne plus redouter la famine, et activer, à l'aide de ses propres ressources, son commerce extérieur[3]. Mais ce qui contribua le plus au développement de la colonie, ce fut certainement le système des assignements que Macquarie sut appliquer après l'exécution des grands travaux publics d'abord et ensuite concurremment avec eux. Elle était jusque là l' « élément capital de la peine[4] ». C'est l'assignement qui le devint. — La transportation

---

1. Cp. LEROY-BEAULIEU, *op. cit.* « Il ne suffit pas de bien choisir l'emplacement des colonies que l'on veut fonder..., il faut avant tout établissement faire des travaux préparatoires considérables qui mettent la contrée que l'on vient occuper en état d'être habitée et cultivée avec profit. »

2. FOINITSKI et BONET MAURY, *op. cit.*

3. Il est vrai que l'Angleterre, pendant ce gouvernement, a dépensé pour cette seule colonie pénale, environ 5 301 000 livres sterling. BLOSSEVILLE, *loc. cit.* et *enquête parlementaire de 1831.*

4. FOINITSKI et BONET MAURY, *op. cit.*

se trouva divisée en deux phases bien distinctes. Pendant la première période de travaux forcés, on employait les convicts aux *preparatory-works*. C'était la période de punition et d'expiation : travaux de routes, de défrichements[1], opérés soit pour le compte du Gouvernement, soit pour celui des particuliers auxquels on pouvait concéder les équipes. Cette première phase pouvait donc s'accomplir même chez des particuliers : ils devaient payer dix livres sterling annuellement par homme et sept par femme, non compris les frais de nourriture et d'entretien[2]. Les assignés devaient d'ailleurs satisfaire les colons; sur la plainte de ces derniers, le Gouvernement pouvait les renvoyer aux *road-parties* ou aux *clearing-gangs*. « C'était en définitive, dit M. Foinitski, dans son savant ouvrage, en reproduisant de Holtzendorff[3], une cession complète du condamné, faite par l'État à un particulier pour un temps déterminé ». Huit mille d'entre eux environ étaient employés quelque temps après à conduire et à garder les troupeaux, vingt-six mille étaient en assignation[4] chez des particuliers, où leur peine était à la merci du bon ou du mauvais vouloir de ceux-ci.

Au bout d'un certain temps, ils étaient susceptibles d'être libérés et de recevoir un *ticket of leave*. Le temps requis pour cette sorte de libération n'était pas inscrit dans les lois et les statuts; les usages voulaient qu'on l'accordât au bout de six ou huit ans[5] :

---

1. M. HUERNE DE LA POMMEUSE. *Col. agricoles*, cité par de Blosseville, voit dans ces compagnies d'avant-garde le secret tout entier de la prospérité Australienne.

2. Travaillant 9 heures par jour, ils reçoivent par semaine 7 livres de bœuf, 11 de pain, 4 de porc salé, 1 de sucre, 2 onces de thé, 2 de tabac. COLLIN, *op. cit.*

3. FOINITSKI et BONET MAURY, *op. cit.*

4. DUNMORE LANG, *op. cit.*

5. COLLIN et BLOSSEVILLE, *op. cit.*, ch. XXXVIII et XXXIX.

ce ticket of leave était un billet d'exemption de la peine, illimité mais non définitif. Dans le cas où l'émancipé en faisait un mauvais usage, il était réintégré dans la classe des travailleurs forcés. D'abord, les convicts obtinrent des concessions de terre et devinrent propriétaires. Il faut ajouter qu'au début il fut délivré, dans un but d'économie, des billets d'affranchissement prématurés, que les colons pouvaient choisir eux-mêmes leurs assignés et si l'employeur était un ancien convict, c'était la presque libération pour l'assigné[1]. Mais, dans la suite, ces erreurs furent réparées, et les convicts qui n'obtenaient plus facilement de concession, se plaçaient surtout comme serviteurs et devenaient artisans, commerçants, industriels. On verra comment ils surent s'imposer dans la suite à l'attention publique.

Désormais, à cette époque (vers 1820)[2], la colonisation pénale a cessé d'être le but; elle n'est plus qu'un simple moyen[3]. A cette date, l'Australie compte 39 000 habitants dont la moitié est composée de convicts émancipés. L'élan de la colonisation libre s'accroît et ne s'arrête plus : les familles débarquent en grand nombre[4]; étant peu munies de capitaux elles se plaignent de l'insuffisance de la main-d'œuvre et de sa cherté. Le système de colonisation était alors changé ; seuls étaient vendus d'immenses espaces de terrain aux dépens des petits propriétaires[5]. C'était créer une classe de travailleurs de plus. Les transportés en subirent vite les conséquences; ils retournèrent à la vie vagabonde qu'ils avaient autrefois

1. COLLIN et BLOSSEVILLE, *op. cit.*, ch. XXXVI.
2. Gouvernements du général Brisbane, de Darling, de Bourke.
3. BLOSSEVILLE, *op. cit.*
4. En 1821, il suffit à un émigrant de s'engager à entretenir 20 convicts pour obtenir une concession de 2 000 acres.
5. FOINITSKI et BONET MAURY, *op. cit.*

menée et les vols et les pillages ne se comptèrent plus[1]. La débauche était plus hardie que jamais. Même en ces années, il y avait encore pénurie de femmes et celles qu'il y avait étaient vite revenues à leurs premiers vices. C'est cette conduite scandaleuse qui donna lieu aux premières manifestations contre la transportation.

Pendant que le squatter[2] désire l'abaissement des salaires, l'extension des cultures et la modicité du prix de la main-d'œuvre, et par cela même, souhaite une longue durée à la transportation, les villes s'opposent à ces revendications ; les artisans, les marchands et les agents de l'administration non pénitentiaire entrant dans cette voie. C'est qu'à ce moment Sidney était une ville complètement organisée. Le besoin de travaux publics ne se faisait sentir qu'à 40 milles au delà. Et d'autre part les libérés traitaient la capitale en ville conquise. L'alcoolisme était plus violent que jamais et trouvait chaque jour des recrues nouvelles parmi les convicts attirés par les villes.

Cependant les établissements de l'île de Norfolk prospéraient. On en créait à la terre de Van Diemen[3]. A l'île de Norfolk, dont les débuts semblaient annoncer un avenir prospère, les défrichements avaient arrêté l'élan de l'agriculture[4]. Ils avaient livré l'île à tous les vents de mer, il fallut donc reboiser, ou abandonner la côte. Les travaux publics y constituaient les peines graves que subissaient les plus indisciplinés ou les récidivistes, sur des chantiers de construction.

1. En 1821, il y a dans la colonie 12 608 émancipés et colons volontaires et 13 814 convicts.
2. Le colon agricole, possesseur d'exploitation agricole ou de troupeaux.
3. Norfolk, 1810, 173 habitants. — Van Diemen, 1321.
4. DUNMORE LANG, *op. cit.*

La Tasmanie fut découpée en de très vastes territoires et concédée à des planteurs capitalistes. L'assignement y avait été pratiqué bien plus tôt qu'en Australie; en conséquence l'élevage et la culture y furent plus vite des résultats appréciables. Devant ce progrès, pour hâter l'essor de la colonie, fut envoyée, à Port-Arthur, dans un pénitentier spécial, une équipe de tailleurs de pierre[1], qui fournirait à l'île ses matériaux de construction. Il semble que dans les colonies pénales agglomérées tout développement matériel soit nécessairement accompagné d'une recrudescence d'immoralité; ce phénomène est-il vrai de toutes les civilisations? Quoi qu'il en soit, jamais, il ne s'est fait si cruellement observer que dans lá Tasmanie où le vice se trouvait grandi par l'origine même de la population. Les convicts, en quelque sorte nécessaires, s'imposaient, se faisaient valoir, et finalement se révoltaient[2]. Ils recrutaient des condamnés des pénitenciers. C'est l'épisode fameux des *Bush'rangers,* maraudeurs de buissons, dont les crimes partout répandus, difficilement, mais sévèrement châtiés, semaient la consternation parmi colons et planteurs.

Telle est, en une rapide esquisse, où on a essayé de faire ressortir la marche économique des faits, la seconde phase de la colonisation australienne. Il ne s'agit plus alors d'une colonie purement pénale, où l'administration, maîtresse de son but, consciente de ses règlements et sûre de ses moyens, pose les fondations d'une colonie. C'avait peut-être été l'intention des hommes d'État qui avaient étudié la question à ses débuts. Mais la suite des années avait amené dans l'évolution de la colonie un élément nouveau qui

---

1. Dunmore Lang, *op. cit.* et Foinitski, *loc. cit.*
2. De Blosseville, Foinitski, Dunmore Lang.

s'imposa : l'émigration libre. Les progrès furent amenés par l'offre régulière et constante du travail des condamnés. Ils étaient dans l'assignement « presque des esclaves; forcés de travailler ils produisaient plus qu'ils ne consommaient[1]. » C'était donc un élément de succès pour l'émigration libre que Macquarie sut ainsi amener en orientant vers une nouvelle direction la voie tracée par ses prédécesseurs. L'État y trouvait son compte; car il résulte des enquêtes et des débats parlementaires que les condamnés étaient d'un entretien bien moins dispendieux dans la Nouvelle-Galles que dans les pénitenciers de la Métropole[2] à cette époque; ceux-ci se rouvraient en effet peu à peu sous l'influence de faits récents et d'idées nouvelles[3]. D'autre part, l'Australie imposait des sacrifices de moins en moins grands au Trésor public. Si Macquarie avait dépensé des sommes énormes, qu'on ne craignait pas de traiter de folies[4] à la Chambre des communes, cette prodigieuse dépense momentanée devait apporter vite un allégement au fardeau budgétaire : l'Australie allait bientôt vivre sur son propre fonds.

Pourtant si cette mesure généralisée de l'assignement fait honneur à celui qui, le premier, la résuma en une théorie complète et homogène, elle n'est pas sans encourir de reproches. Elle amena toutes les déchéances et toutes les immoralités des criminels sans repentir, au contact de la population libre et saine de l'Australie. Comme ils y jouissaient d'une liberté tout entière, ils crurent oubliée la discipline des pénitenciers et irritèrent la colonie. Après l'achève-

---

1. P. Leroy-Beaulieu, *op. cit.*
2. D'après Sir John Russel, séance du Parlement du 5 oct. 1839, il y a une différence de 10 livres entre l'entretien d'un condamné à la Nouvelle-Galles et dans un pénitencier.
3. Dunmore Lang, *op. cit.*
4. De Blosseville, *op. cit.*

ment de leur peine, les convicts se divisèrent en deux classes : celle des malfaiteurs d'habitude, vivant de vols, de mendicité, de vagabondage, et celle, mieux inspirée, mais plus rare, de ceux qui deviennent commerçants, entrepreneurs, ouvriers d'art[1]. D'où ces rumeurs contre la colonisation pénale et le mouvement de réaction qu'on va avoir à étudier bientôt, phénomènes inévitables dans des circonstances données et dans un temps donné.

Mais avant d'aller plus loin, il paraît opportun de rappeler que la transportation pénale n'avait pu aider à la formation de l'Australie occidentale et méridionale, ni de la province de Victoria. Et Melbourne qui devait atteindre une si grande fortune, qui déjà vers 1850, par une civilisation hâtive, comptait 195 000 habitants, ne vit le problème pénal se poser pour elle que par la suite.

<h2 style="text-align:center">§ 3.</h2>

La question de la transportation pénale dans la Nouvelle-Galles changea encore une fois de face pendant les années 1825-1830. Le revirement de l'opinion et de la législation paraît avoir tenu à des causes différentes et multiples : elles naquirent et dans la Métropole et dans l'Australie orientale.

Le rapport que Bigg avait fourni sur la gestion du gouverneur Macquarie amena la formation d'une commission d'enquête parlementaire[2]. Ses travaux

---

1. V. LEROY-BEAULIEU, *op. cit.*

2. V. *Reports from Selects Comitties on Secondary punishments*, 2 vol. 1831-1832, et aussi *Reports of the Commissionners appointed to inquire into the operation of the act relating to transports and penal servitude*, 1863.

portaient sur l'ensemble des pénalités anglaises, qu'elle réprouvait nettement. La transportation, selon ses conclusions, pouvait persister seulement comme peine secondaire. A l'avenir, décidait-elle, seuls seraient tolérés pour les condamnés les travaux agricoles. Le séjour dans les villes, trop dangereux et trop funeste, ne leur était plus permis ; et les *tickets of leave* ne devaient plus être accordés qu'après un contrôle sévère de la conduite du libérable. — En outre, la commission, dans son projet, présentait une conception nouvelle des travaux forcés ; elle voulait qu'on soumît les condamnés, dans la Métropole, à des travaux corporels et qu'on les habituât ainsi, avant leur départ pour l'Australie, aux exigences de la vie coloniale. Idée nouvelle alors, qui a séduit depuis beaucoup d'esprits.

Une polémique s'engagea à la suite de ces projets[1]. Une revue anglaise[2], dans un de ses articles, vint développer les arguments produits par la commission et en augmenter la force. Elle ne se prononçait pas moins nettement qu'elle contre « la promenade sentimentale de Botany-Bay[3] ». Selon cet article, la transportation n'était pas une peine au sens strict du mot. Les convicts trouvaient trop de facilités dans un pays neuf, où la main-d'œuvre faisait prime, où l'assignement, en permettant au condamné d'entrer dans la domesticité du colon libre, lui épargnait les moindres sévérités d'une discipline aveugle. « En un mot, la transportation est désastreuse, tant pour la Métropole, parce qu'elle n'est qu'un simulacre de la

---

1. V. sur ces points et les suivants FOINITSKI et BONET MAURY, *op. cit.*

2. *Le Law Magazine*, 1831.

3. C'est ainsi qu'on avait surnommé la transportation dans la presse.

peine, que pour la colonie, parce qu'elle y forme une agglomération de malfaiteurs qu'on a tirés de prison et jetés au milieu d'une population libre. Chaque année voit s'accroître le mal[1]. »

Car, à cette époque — et c'est la seconde cause du mouvement d'opinion — la croissance de la criminalité en Angleterre dépassait de beaucoup l'attente des criminalistes : le nombre des transportés était passé de 2 500 en 1824 à 28 258 en 1830. Chiffre énorme et qui indique assez le peu d'impression produit par la peine des travaux forcés sur les malfaiteurs métropolitains.

D'ailleurs, vers le même temps, sous l'influence de la polémique ouverte, et devant ces faits, dont l'évidence se manifestait depuis longtemps, des établissements pénaux avaient été construits selon le système d'Auburn[2] et attendaient les criminels. L'opinion se trouvait donc préparée à une transformation de la législation, vite opérée grâce à l'appui d'hommes politiques éloquents[3].

Ce mouvement métropolitain aurait suffi à la rigueur pour bouleverser l'ordre de choses établi. Ce qui l'activa plus encore, ce fut, après quelques tergiversations,[4] une levée en masse de l'Australie orientale contre une institution à laquelle elle devait beaucoup. Une ligue contre la transportation fut formée. Les idées de parti, les passions politiques furent agitées : la Nouvelle-Galles obtint bientôt le résultat qu'elle cherchait. Il y avait des raisons nombreuses et complexes à cette effervescence.

---

1. FOINITSKI et BONET MAURY, *op. cit.*

2. Emprisonnement cellulaire de nuit, avec travail en commun le jour, en silence.

3. Lord D. Russel, R. Peel, Georges Grey, Molesworth.

4. Vers 1839, on considéra en Australie que le rapport de la Commission ne s'attachait pas assez à des considérations spéciales à la colonie, et que la transportation bien appliquée y aurait produit les meilleurs effets.

. Devant la dépravation, la débauche et les pilleries des convicts réunis dans les villes, la colonisation libre commençait à prendre conscience de sa force et à vouloir se différencier nettement des éléments impurs qui l'entouraient. Elle prenait un développement considérable ; en 1827, il n'y aurait eu, d'après les auteurs, que 715 colons libres ; vers 1835, ils auraient été environ 54 000[1]. D'autre part ces nombreux émigrants libres, qui formaient une masse homogène, se heurtaient, non seulement aux condamnés en cours de peine, mais aussi aux émancipés de la colonie pénale et à leurs descendants[2] ; ceux-ci aussi, par leur commerce, par leur situation et par leur fortune, tenaient une place considérable dans le développement[3] de la colonie et voulaient dominer sur le territoire dont ils avaient été les premiers pionniers. Ainsi a longtemps persisté une rivalité de caste[4] qui ne s'éteignit que beaucoup plus tard dans la suite. Phénomène étrange qui, par la succession et la corrélation de ses manifestations, reçoit presque l'authenticité d'une loi : les colonies pénales, arrivées à un certain degré de développement et de civilisation, voient affluer les colons libres ; en présence l'un de l'autre, l'élément pur et l'élément impur se trouvent

---

1. V. sur ce point DE BLOSSEVILLE, P. LEROY-BEAULIEU, FOINITSKI, DUNMORE LANG, *op. cit.*

2. Une pétition signée de 6 600 ouvriers se plaignait de ce que la concurrence des convicts les obligeait à sortir du pays.

3. Wensworth donne ainsi les chiffres de la richesse en Australie vers 1825 :

Émancipés : 7 756 ; émigrants volontaires : 1 558.

Capital des émancipés engagé dans le commerce.	150.000 livres
— émigrants — —	100.000 —
Valeur totale des produits des émancipés......	1.123.600 —
— — émigrants........	526.136 —

. 4. DE BLOSSEVILLE, *op. cit.*, ch. XLX... « Née en quelque sorte avant les castes elles-mêmes, avant du moins qu'elles eussent déjà des intérêts distincts. »

inconciliables ; l'un doit chasser l'autre ; et le premier triomphe souvent, quand c'est le second qui lui a ouvert les portes d'un pays et préparé les voies de la richesse [1].

Pourtant, à cette époque, ce phénomène n'avait pas encore été observé : le Cabinet de Saint-James ne lutta pas contre l'opinion Il aurait pu le faire ; ses sacrifices pécuniaires avaient été assez grands en Australie pour qu'il voulût en tirer un bénéfice. En moins de quarante ans, il avait dépensé plus de 132 millions de francs [2] pour la colonisation pénale. Peut-être prévoyait-il, comme l'a dit un économiste [3], « qu'une nation ne doit jamais profiter de ses colonies pécuniairement. Elle doit les élever, et une fois adultes les laisser vivre. Elle n'aura que des bénéfices détournés. »

C'est dans ces conditions qu'intervint la loi du 17 juillet 1837 ; le juge recevait la faculté de remplacer la peine de mort par la transportation — à vie, à dix ou quinze ans — ou par la prison — avec ou sans travaux — ou par la peine de la cellule trois fois par an pendant un mois. C'était en quelque sorte « tenter d'assimiler la transportation à la prison ». La loi du 19 novembre 1839 abroge la transportation pour les femmes. L'ordre du Conseil du 22 mai 1840 la supprime enfin complètement et donne ainsi satisfaction aux colons de la Nouvelle-Galles. Dès lors le « système d'épreuve et de servitude pénale restait le seul employé ».

<hr>

1. V. cependant en sens contraire DE HOLTZENDORFF, *Colonisation als Strafmittel*.

2. 5 301 023 livres sterling. V. BLOSSEVILLE, *op. cit.* et MICHAUX, *Étude sur la question des peines*.

3. M. P. LEROY-BEAULIEU.

Ce ne fut qu'en 1826 que fut occupée pour la première fois l'Australie occidentale, aux environs d'Albany. Là, au lieu de demander à la transportation les premiers travaux et les premiers défrichements, ce fut à l'émigration libre qu'on s'adressa, sans succès d'ailleurs. Grandes furent les déceptions, grande la misère[1]. Sur la demande de la misérable colonie, le Gouvernement se décida à y envoyer les condamnés à la transportation. Il se débarrassait ainsi aisément des éléments que l'Australie orientale ne voulait plus supporter. Les condamnés soumis au régime des nouvelles lois anglaises avec une discipline très rigoureuse, préparaient la colonie par des travaux publics ; ils étaient susceptibles de tickets of leave.

La jeune colonie semblait devoir prendre un essor rapide et précoce, quand la colonisation libre se heurta à la colonisation pénale, où le crime, le vol, la débauche devenaient endémiques. Pour la seconde fois, les deux éléments se trouvaient inconciliables. Mais cette fois, l'administration refusa de retirer ses convicts et estima que l'expérience lui avait assez coûté pour être poussée jusqu'au bout.

L'agitation s'accrut rapidement et devint, malgré tout, si vive vers 1860[2], que le Parlement s'émut et de nouveau nomma une commission d'enquête[3]. Celle-ci décida que, seuls, certains condamnés seraient transportés, ceux qui paraissaient corrigibles, les vaillants et les jeunes, et seulement après une épreuve métropolitaine de neuf mois de cellule.

Ces vœux provoquèrent l'indignation des Austra-

---

1. En 1835, 1 600 habitants ; en 1848, 4 622. V. sur ces points FOINITSKI et BONET MAURY, *op. cit.*
2. Il fut même question de secouer la tutelle de l'Angleterre.
3. *Reports of Royal commission...* Londres, 1863.

liens[1]. — Enfin, après des lenteurs, le Gouvernement
se décida à obéir à ces pressantes réclamations. Et
en 1870, la transportation avait abandonné le sol de
l'Australie[2].

§ 4.

Avec l'ordre du Conseil du 22 mai 1840, l'évolution
du système pénal anglais n'avait pas pris fin, comme
il serait permis de le croire. Le système de la transportation n'aboutit à celui des pénitenciers que par
une transition qui ne finit qu'en 1857, à la suppression définitive de la transportation. Cette période
transitoire vit les deux systèmes combinés : elle se
divise en plusieurs phases où le Gouvernement
cherche, de tâtonnements en tâtonnements, une institution qui satisfasse ses hommes d'État, ses admi-
nistrés et l'idée de peine.

De 1840 à 1846[3], les condamnés après un séjour sur
les pontons, avec obligation de travail, sont transférés
dans les colonies[4]. Là, encore ils ne parviennent à un
régime de semi-liberté qu'après des épreuves successives, travaux obligatoires encore, défrichements, etc. :
ils peuvent alors obtenir un certificat de libération et
la grâce conditionnelle. Ce système devait échouer[5] :
Laisser des individus libres, mais sans ressources, en

1. On avait frêté par souscription un navire qui ramena de
Melbourne à Londres les pires criminels.

2. La loi de 1868 encore en vigueur, supprimait la transportation
comme moyen d'exécuter la peine, mais non les travaux forcés.

3. Ministère de Sir Stanley.

4. *Revue Britannique*. Discipline pénitententiaire. Déportation.
Octobre 1862.

5. V. FOINITSKI et BONET MAURY, *op. cit.* citant Bertrani Scalia
Il Sistema penitenziaro d'Inghliterra. Rome, 1875.

face d'un pays neuf où la demande de travail était pour.ainsi dire nulle, n'était-ce pas fournir des recrues à l'armée du crime ? Aussi, les colons refusèrent-ils encore tout envoi de transportés.

Dans la seconde période (1847-1850) et sous l'influence de Lord Grey, le transport à la Nouvelle-Galles du Sud était précédé d'abord d'une réclusion cellulaire, pendant environ un an et demi, ensuite de travaux publics exécutés dans la Métropole et dont la durée était proportionnée au temps de la peine. Mais il semble résulter des rapports fournis par l'administration que la plupart des condamnés étaient libérés avant leur arrivée en Tasmanie[1].

Ce système nouveau n'eut même pas le temps d'être jugé. La découverte de mines dans les provinces de Bathurst et plus tard, de Victoria amena la foule des émigrants qui se précipitait à la découverte de l'or[2]. Si bien qu'en moins de deux ans, l'Australie employait couramment la main-d'œuvre libre qui se rencontrait partout à vil prix et abandonnait les secours de la main d'œuvre pénitentiaire.

La colonie se plaignait encore, et à plus juste titre que jamais, de l'envoi des malfaiteurs. C'est ainsi qu'intervint la loi du 20 juin 1853, dernier degré de l'évolution. En principe, selon cette loi, la transportation ne peut être appliquée qu'au cas de condamnation à vie, ou à plus de 14 ans. Pourtant, même dans ce cas, les juges peuvent appliquer la servitude pénale[3]. Mais, comme les libérés, bien qu'assez rares, venaient augmenter le corps des vagabonds, le résultat ne

---

1. V. Foinitski et Bonet Maury citant le rapport de Jebb, 1852.
2. V. De Blosseville, *op. cit.*
3. Elle devient ainsi le droit commun : c'est l'entretien dans une prison aux travaux forcés, après une période préparatoire de cellule.

satisfaisait pas encore l'opinion. La Chambre des Lords, décida dans une déclaration que la transportation pouvait être efficace et avantageuse, dans un pays jeune et populeux, ayant besoin de main-d'œuvre et acceptant l'envoi des condamnés. Système nouveau : la transportation ne forme plus la peine, au sens strict du mot : elle n'en est qu'un corrélatif. La peine véritable est subie dans la prison cellulaire avec obligation de travail et isolement de jour et de nuit.

Tel était l'esprit du Parlement, qui croyait s'être mis d'accord avec l'opinion publique et les vœux des colonies. Il est permis de croire qu'il avait fait fausse route. La loi du 15 juillet 1857 interrompit son œuvre en abrogeant purement et simplement la transportation au sens ancien du mot[2]. Il n'en restait que l'idée d'un transport possible aux colonies pour l'exécution de la servitude pénale[3].

<h2 style="text-align:center">§ 5.</h2>

On a étudié dans les pages qui précèdent les phases successives de la transportation pénale anglaise en Australie. La première période montre les efforts, les luttes et les victoires d'une colonie purement pénale, sans aucun élément d'émigration libre, et qui sut mettre en valeur un territoire merveilleusement constitué pour l'œuvre de civilisation, en traçant des routes, en bâtissant des villes, avec la seule aide de convicts.

Dans une seconde période, ces convicts ne sont plus seuls à occuper le pays ; des émigrants viennent

1. V. DE HOLTZENDORFF, *op. cit.*
2. Les peines pouvaient être réduites au cas de bonne conduite.
3. MICHAUX, *Question des peines,* Paris, 1875.

demander la fortune à la Nouvelle-Galles : l'élément libre doit coexister avec l'élément pénal. Le premier ne peut d'ailleurs à ce moment se passer du second qui lui apporte des bras, toujours utiles dans un pays neuf, où les défrichements sont, après la viabilité, la première préoccupation du colon. Mais bientôt cette union peu assortie, qui trouvait sa formule la plus saisissante dans l'assignement, ne fut plus qu'un mariage de raison, imposé par la loi et non librement contracté ; avec les premiers symptômes de la richesse, du bien-être — relatifs, — les colons libres prennent conscience d'eux-mêmes : c'est le début de la troisième période. Ils refusent une main-d'œuvre que la concurrence libre met à bas prix : ils s'insurgent contre la dissolution des mœurs pénales. Une scission s'opère, dans cette société nouvelle, au seuil même de son avenir. Après des luttes nombreuses, des résistances acharnées, des enquêtes sans fin, de discussions violentes, la transportation est abandonnée.

Que faut-il conclure de cette évolution ?

Sans doute, au point de vue pénal, on pourrait refaire, après les discussions anglaises, le procès de la transportation[1] et redire, après elle, qu'elle ne corrigeait, ni n'amendait, ni ne moralisait les transportés. Question de principe, qui n'a jamais été traitée à fond en Angleterre : elle ne voyait dans ses convicts qu'une utilité[2], un moyen d'exécuter à bon compte ses travaux publics ; par une façon de sentir qui lui est propre, elle ignorait ce qu'il y a de noble et de « chrétien » dans la régénération du

---

1. V. contre la transportation le réquisitoire de Mgr Whately, résumant tous les griefs : *Thougts on secondary punishments* Londres, 1832.

2. MÉRIVALE, cité par Leroy-Beaulieu, *op. cit.*, avoue que l'essor de l'Australie tient, entre autres causes, « au bon parti qu'on sut tirer du travail des condamnés ».

criminel[1]. Cependant, même à ce point de vue, objectif selon la conception britannique, la conclusion ne paraît pas s'imposer formellement. Certains auteurs, et des plus éminents, se sont extasiés devant cette œuvre immense de colonisation civilisatrice accomplie par des générations de transportés[2]. La Grande-Bretagne serait redevable à ces premiers pionniers d'un continent immense, peuplé de millions d'habitants, d'une richesse et d'une fertilité incomparables, et dont l'essor rapide a étonné l'univers.

Les opinions ne doivent jamais être poussées trop loin par une généralisation hâtive. Il y a des distinctions à établir dans la transportation pénale anglaise. Sans doute, au début, et avec les premiers pas de l'Angleterre en Australie, la main-d'œuvre apporta un travail nécessaire, dont l'utilité se justifiait d'abord par un intérêt national : occuper la Nouvelle-Galles, ensuite, par un intérêt économique, préparer les voies de l'occupation. Là est le point initial de la colonisation anglaise en Australie; là aussi est la valeur de la transportation : c'est le premier outillage de la colonie, le premier jalon de la civilisation; une pollicitation; rien de plus. Qu'il y ait encore intérêt à fournir aux premiers colons une main-d'œuvre forcée à bon marché, c'est ce que la seconde phase de la colo-

---

1. V. *Des peines et des prisons,* par S. M. Oscar II. Paris, 1872.

2. V. en particulier De Blosseville, *op. cit.,* ch. XXXVI. « Les colonies dont on vient de retracer l'histoire ont laissé prendre à la colonisation volontaire le pas sur les institutions pénales. Trop souvent, le but primitif s'est transformé en simple moyen. Mais si l'Angleterre... a donné plus d'essor aux relations commerciales qu'au système réformateur, on ne peut néanmoins refuser de reconnaître que son expérience... a démontré l'avantage de la colonisation pénale ; » et, plus récemment, Foinitski et Bonet Maury, *op. cit.,* ... « L'Angleterre cessa la transportation... en Australie uniquement sur les réclamations réitérées des colonies. »

nisation pénale a assez démontré. Mais alors, c'est
avec beaucoup de mesure, de délicatesse et de pru-
dence que l'administration doit doser la proportion des
deux éléments contraires, car l'un exclut l'autre[1] :
ceci tuera cela.

Il est donc permis de dire qu'à partir du moment
où l'Australie eut assez d'énergie pour se suffire à
elle-même, la transportation était incapable de rien
ajouter à sa force vitale[2]. Déjà les colons exaspérés
voyaient s'organiser autour d'eux le vol, le pillage et
le meurtre. Pas de moralisation parmi les libérés. Et
sans le retrait des convicts ce flot de criminels d'habitude n'aurait-il pas submergé la colonisation libre,
impuissante devant cette foule qui, chaque jour, s'aug-
mentait de nouvelles recrues? La corruption n'aurait
fait que grandir; la civilisation aurait fui ce milieu
d'avilissement et de turpitude. Sans doute, cette exclu-
sion lointaine des bandits de la Métropole avait de
grands avantages financiers : les partisans de la transportation[3] n'ont pas oublié de démontrer que le prix
de revient d'un condamné était de beaucoup moindre
aux colonies qu'en Angleterre. Était-ce une raison
suffisante pour lutter contre les vœux des colons et
abandonner les espérances que peut donner une jeune
colonie? Ne faut-il pas opposer à cette économie individuelle les sommes considérables[4] dépensées par le

1. Saleilles, *Cours de Législation pénale* professé à la Faculté de
droit de Paris.

2. De Holtzendorff, *op. cit.*, le constate implicitement : « l'histoire de la transportation,... montre l'évolution remarquable de
cette institution. Dans les premiers essais, la construction et
l'achèvement des routes avaient le pas sur tous les autres éléments de la peine. A la fin, un seul de ces éléments, l'obligation
à un travail forcé, persiste... Ainsi la plus ancienne des colonies
pénales de l'Angleterre présente... une conformation complètement différente de ce que pouvaient laisser prévoir ses débuts... »

3. Lord Russel, entre autres.

4. De Blosseville, *op. cit.*, les estime à 132 500 000 francs environ.

Cabinet de Saint-James pour les frais de premier établissement ?

Quoi qu'il en soit, la Grande-Bretagne a tiré de la colonisation pénale un bénéfice considérable et certain, dû aux vingt-cinq premières années pendant lesquelles elle fut l'avant-garde de la civilisation. C'est assez pour prouver l'intérêt d'un tel système savamment approprié et prudemment appliqué.

CHAPITRE II

La transportation en Espagne et en Portugal.

----

§ 1.

L'Espagne a pratiqué de tous temps la transportation de ses criminels; le nom de *Presidios*, qui désigne aujourd'hui encore les bagnes espagnols et autrefois les forteresses de la côte d'Afrique, où étaient internés les criminels, l'indique assez. Elle fit même, en Amérique, des essais heureux de colonisation pénale par voie administrative, dont le succès reste lié au troisième voyage de Christophe Colomb. En 1498, le roi Ferdinand ajouta en effet aux artisans et aux laboureurs adjoints à l'expédition cent cinquante criminels, dont la peine de détention avait été commuée en celle d'expatriation. La colonie ainsi fondée, paraît avoir produit d'heureux résultats. Le Code pénal de 1870[1] a conservé la transportation : il n'est pas sans intérêt de remarquer que, seul de tous les codes pénaux, il donne à la transportation le premier rang parmi les

----

1. V. *Los codigos españoles concordados y anotados.* Madrid, 1822-73, l'*Appendice a los Comentarios del codigo penal de* Don J. F. PACHECO, Madrid, 1876 et dans la *Législation pénale comparée* de Von LIZST, Berlin, 1894, l'*Espagne,* par M. ROSENFELD.

peines. Les auteurs du système pénal en l'organisant ont cherché à l'assouplir et à l'adapter à la classification nombreuse des peines.Ils y sont presque arrivés. Mais si la théorie, malgré ses complications, présente un suffisant effort pour mériter le respect et l'attention, la pratique laisse malheureusement à désirer, on va le voir. La transportation reçoit les condamnés à la chaîne perpétuelle ou temporaire, à la réclusion perpétuelle ou temporaire, au présidio majeur ou correctionnel, ensemble de peines complexes entre lesquelles la différenciation s'opère selon le traitement, la durée et les travaux. La révision du Code pénal, en 1876, n'a apporté qu'une modification à l'organisation de la transportation : la réduction à trente ans des peines perpétuelles.

Les condamnés à l'internement — *Confinamiento* — sont transportés aux îles Baléares et aux îles Canaries. Soumis à une certaine surveillance, ils y vivent dans une liberté presque absolue.

Les condamnés à la chaîne perpétuelle ou temporaire travaillent au profit de l'Etat : ils sont employés aux labeurs les plus pénibles[1]. C'est à Ceuta en particulier et sur les côtes d'Afrique qu'ils sont envoyés[2]. Mais si, au terme des règlements, ils devraient être astreints à la pénible confection des routes et à des travaux d'utilité publique, ils sont en réalité occupés seulement à des travaux de service intérieur[3]. Ils ne peuvent être employés pour le compte des particuliers ou pour l'exécution des travaux publics à l'entreprise ou à la

---

1. Art. 106 du Code pénal espagnol : « La peine de la chaîne perpétuelle s'accomplira en chacun des points à ce destinés, en Afrique, aux Canaries, ou dans les possessions d'outre-mer. »

2. Art. 107 du Code pénal : « Les condamnés à la chaîne temporaire ou perpétuelle travailleront au profit de l'Etat. »

3. *Bulletin de la Société des Prisons*, avril 1895, *Les Presidios espagnols*, par P. BAILLIÈRE.

suite de contrats passés par le Gouvernement[1]. Mesure excellente, et dont l'application a été due à des scandales assez grands pour émouvoir l'attention publique. — Les condamnés à perpétuité sont également envoyés en Afrique, à Ceuta, à Melilla, à Alhucemas, aux îles Chafarinas. Dans ces bagnes, ils forment des ateliers qui pourvoient aux seuls besoins des pénitenciers de de l'État en Afrique. Le travail des transportés y paraît donner les meilleurs résultats, surtout dans les *maestranzas* d'ingénieurs, où sont fabriqués les objets de première nécessité[2]. Comme les maestranzas payent directement leurs ouvriers, on ignore les résultats économiques de cette institution ; ils paraissent cependant assez productifs pour avoir la valeur d'une expérience qui a réussi. Malheureusement, si le Gouvernement espagnol trouve un intérêt financier à travailler à son compte dans les pénitenciers, il n'en reste pas moins établi que presque tous les presidios sont dans un état de délabrement, de décrépitude et de mauvaise tenue qu'un esprit septentrional se figure assez mal. Dans tous les pénitenciers, dit un auteur, toutes les condamnations se trouvent mélangées dans une étrange bigarrure. « On rencontre des condamnés aux peines correctionnelles à côté des condamnés à la chaîne[3] ». « Il existe en Espagne, ajoute-t-il plus loin, une population pénale de 19 000 détenus sur

1. Art. 108 du Code pénal : « Les condamnés à la chaîne perpétuelle ou temporaire ne pourront être employés pour le compte des particuliers ni aux travaux publics exécutés à l'entreprise ou par suite de contrats passés avec le Gouvernement. » Ils étaient en effet, autrefois, de la part des particuliers qui les employaient l'objet des plus mauvais traitements, véritables esclaves, mal nourris et à peine vêtus. V. J. F. PACHECO, *op. cit.*

2. Chiffre de la population pénale à Melilla, 533, à Ceuta 2 219, comprenant des fabricants d'espadrilles, de sparterie, des ouvriers agricoles, de ferblantiers, tonneliers, etc. *Bulletin de la Société des Prisons*, juin 1889. *Les Bagnes espagnols*, par M. LASTRES.

3. *Bulletin de la Société des Prisons*, P. BAILLIÈRE, *op. cit.*

lesquels se trouvent dans les presidios 15000 qui ne travaillent point. » Il ne faut donc pas s'étonner du déficit qui clôt le budget pénitentiaire espagnol[1] et, conclure sans réticences sur les résultats d'une institution mal réglée.

§ 2.

Comme dans la législation espagnole, la peine des travaux forcés tient une place considérable dans l'échelle des peines, en Portugal. Elle la devrait à la tradition si les principes nouveaux du Code pénal n'étaient pas venus encore lui garder de son ancienne faveur seulement un peu amoindrie. Déjà, en 1547, Vasco de Gama avait emmené au Brésil une bande de criminels graciés par le roi. Plus tard, vers 1750, la direction des prisons envoyait dans l'île de Mozambique les gens sans aveu et les vagabonds pour tenter le peuplement de cette terre sauvage. — Le Code pénal portugais de 1886 a modifié complètement la législation ancienne de 1852 et la loi du 1er juillet 1867, transformée en 1884[2]. Déjà, en 1869, un décret du 9 décembre, jamais appliqué, créait des colonies d'outre-mer.

Qu'il s'agisse de peines majeures ou de peines mineures, la transportation est combinée, à tous les degrés du système des peines, avec la réclusion cellulaire. Elle est exécutée dans les colonies d'Afrique. C'est le gouvernement d'Angola[3], sur la côte occiden-

1. En 1888-89 : Total des dépenses : 3 766, 574 50 pesetas.

    —   —   produits :   95, 370 60   —

    —   —   déficit :   3 671, 203 90   —

2. V. Lizst, *Législation comparée*, le Portugal, par J.-J. Tavarès de Madéiros et dans Laneyrie et Dubois, *Collections des principaux codes étrangers*, le Portugal.

3. Chef-lieu Mossamédes.

tale, qui est le centre principal des établissements à ce destinés.

La transportation peut durer de huit ans jusqu'à vingt. Les réglements relatifs aux presidios[1] créent des dépôts de déportés dans des régions assez salubres, pour que les condamnés y puissent exercer des industries agricoles ou ouvrières[2]. A Loanda même, c'est au service de la caserne, à des travaux publics, au dépôt du matériel de la guerre, aux ateliers de cordonnerie et de couture que sont employés les détenus[3]. Beaucoup de déportés sont employés comme commis. Comme dans toutes les jeunes colonies, les « ouvriers d'art, » selon l'expression admise, font prime, et fondeurs, maçons, charpentiers, trouvent facilement du travail. Les domestiques eux-mêmes sont très demandés[4]. Les autorités cherchent à développer l'initiative de ces ouvriers, très précieux pour la colonie, en leur demandant du travail, et aussi à attacher au sol les condamnés par des concessions de terres aux environs de Loanda et à Benguela.

Ce qui rend tout particulier ce régime, c'est la forme militaire qu'il prend. Les condamnés sont menés par des soldats et les réglements auxquels ils obéissent, sont des réglements militaires. Le type le plus curieux de cette forme nouvelle réside dans le décret du 17 février 1894. Il établit, dans cette même province d'Angola, une colonie pénitentiaire militaire, non loin du point extrême du chemin de fer d'Ambacca à Loanda. Ce dépôt[5] tient plus de la caserne que du

1. Règlement du 27 décembre 1888.
2. *Bulletin de la Société des prisons*, 1895, *La Déportation à Angola*, par H. MIDOSI, professeur de droit pénal à Lisbonne.
3. *Ibidem*, 1888, p. 971.
4. *Ibidem*, 1892, p. 235.
5. *Ibidem*, 1895, p. 728.

bagne et n'y sont enrégimentés que les condamnés ayant donné des marques sérieuses de régénération et d'amélioration. Les hommes sont organisés, comme les troupes, en compagnies[1] en service de guerre. Mais ils sont, malgré ce caractère tout spécial, susceptibles de recevoir des terrains, en concession, ou par des baux de longue durée[2] et de faire venir leur famille.

Le peu de développement de la colonisation pénale portugaise actuelle et les faibles ressources qui lui sont attribuées, sont insuffisantes pour permettre de juger l'œuvre accomplie. Il n'y a, devant ces essais, qu'à constater l'exemple intéressant d'un effort tenté vers une organisation nouvelle de la transportation.

1. Article 1 du décret : « Toute colonie pénale militaire doit être organisée comme une forte compagnie sur le pied de guerre.

2. Articles 8 et 12 du décret : « On donnera des logements aux familles des condamnés. — On pourra accorder des terrains en emphytéose dans les alentours de la colonie aux libérés et grâciés. »

CHAPITRE III

La transportation russe en Sibérie.

Si l'histoire politique de la Russie a été soigneusement étudiée et savamment décrite, ses institutions intérieures, soumises à un régime autocratique, ont été, par le fait même de ce régime, difficilement connues[1]. Aussi la transportation en Sibérie qui tient une si grande place dans l'histoire pénale de la Russie[2], se trouve encore mal appréciée en France. Tout ce qu'on en sait a été observé à travers les exagérations facilement acceptées du roman ou du pamphlet, qu'elles soient dues, en France, au livre de Mme Cottin[3], ou aux traductions de Th. Dostoievsky[4] et dans les autres États de l'Europe et en Amérique, aux productions de Kennan[5].

1. Ch. SEIGNOBOS, *Histoire politique de l'Europe contemporaine*, Paris, Colin, 1897.

2. Depuis un siècle, en effet, la mort est abolie pour les crimes de droit commun.

3. *Les exilés de Sibérie.*

4. *Souvenirs de la Maison des Morts*, traduit du Russe, Paris, Plon. Il ne faut pas oublier que Dostoievsky fut exilé en 1848 et qu'il dit lui-même, p. 11 : « Je décris par conséquent les pratiques d'un autre temps et des choses abolies depuis longtemps. »

5. *Siberia an the exil system,* 2 vol. 1891. Il se tint même le 26 novembre 1890 à Philadelphie un meeting pour protester contre le régime pénitentiaire russe à la suite des premiers opuscules de Kennan. — D'ailleurs il traite presque uniquement de la déportation et sort des limites de cette étude.

Ces récits, notés sous un angle étroit, sont, il faut le dire, excessifs. Un journaliste anglais, M. Harry de Windt, écrivait en 1894 qu'il avait trouvé « tout à fait satisfaisant » le système pénitentiaire russe. « Je suis de tous points très heureux de mon voyage, ajoutait-il, parce qu'il m'a clairement démontré la fausseté des récits de Kennan sur la Sibérie orientale aussi bien que sur la Sibérie occidentale[1]. » — Des productions récentes permettent aujourd'hui d'étudier ce régime : il le mérite. Quelles que soient les critiques dont il est susceptible, il a donné jusqu'ici des résultats assez heureux pour demander l'attention.

La transportation russe remonte à un oukase de l'année 1582[2]. A cette époque elle est appliquée comme aggravation de peine, comme mesure de sécurité, de disgrâce. On y condamne les prisonniers de guerre. « Les Souverains moscovites comprirent de bonne heure quels avantages considérables on pouvait tirer des captifs tcherkesses, petits-russiens, lithuaniens, allemands, en leur faisant grâce de la vie, et ils en transportèrent sur les frontières orientales, notamment à Astrakhan, et en Sibérie[3]. » Pour la Russie, en effet, c'est le problème de la main-d'œuvre qui s'est toujours posé dans la question des peines; c'est le besoin d'une main-d'œuvre immédiatement utilisable et à bon compte qui a donné dans un sens spécial une impulsion à l'administration et à la justice. L'empire russe qui s'étendait chaque jour davantage avait besoin de bras pour construire ses forteresses, ses camps retranchés contre les attaques des hordes de l'Est et pour tracer les routes qui

---

1. Foinitski et Bonet Maury, *op. cit.*, p. XIV.
2. Voyez Foinitski et Bonet Maury, le plus savant ouvrage qu'on possède actuellement sur ces points et les suivants.
3. Foinitski et Bonet Maury, *op. cit.*

devaient servir à assurer leurs approvisionnements. .
De plus, c'était un moyen d'occuper des pays encore
sauvages, d'y fixer une population et d'y assurer,
pour l'avenir, un certain développement. Ainsi la
transportation fut, avec les années, érigée en système définitif; et, malgré les changements de direction, les modifications de lois, elle s'affirma de plus
en plus.

Cependant, vers la fin du XVIIe siècle, le besoin
même de main-d'œuvre faillit amener la suppression
de la transportation. Les premiers bagnes (*katorgas*)
furent alors créés[1] et longtemps depuis restèrent en
faveur. Cette modalité de la peine consistait à transporter les condamnés dans les lieux où la main-
d'œuvre était indispensable pour exécuter, à peu de
frais, de grands travaux d'utilité publique : port à
Rogervik, construction de Saint-Pétersbourg, port de
Riga, forteresse d'Otsk[2]. Enfin, en 1760, le bagne de
Nerstchinsk était créé, le plus connu des bagnes
russes : les « malheureux », suivant l'expression
populaire qui désigne les forçats, y étaient occupés
aux mines, et conséquemment, rattachés à ce département.

On sait que vers 1750 l'impératrice Élisabeth abolit
la peine de mort; ses oukases marquèrent encore
une transformation du système des peines de transportation.

Celle-ci tint décidément la première place. Pour
posséder toujours une main-d'œuvre pénale et un
peuplement à peu près forcé dans certaines contrées

---

1. FOINITSKI et BONET MAURY, *op. cit.*, p. 164. « Katorga signifie
petit bateau à rames ou galère. La peine de la katorga corres-
pondait complètement aux galères de notre ancien système
pénal », au moins primitivement.

2. FOINITSKI et BONET MAURY, *op. cit.*

éloignées, il s'opéra pendant de longues années un travail de législation et de réglementation : l'administration voulait appliquer la transportation à presque toutes les peines, et la graduer selon l'importance du délit. En 1753, à côté de la transportation forcée, la transportation simple est atténuée pour les peines de peu de gravité : des transportés simples, on fait des « transportés colons[1] ». Telles sont les règles qui dominèrent jusqu'aux réformes apportées par le comte Speransky[2], vers 1820.

Il tenta de mettre fin aux abus de toute espèce qui, depuis longtemps, s'étaient glissés dans l'organisation de la transportation et avaient pris la force d'une tradition[3]. Il inspira une réglementation nouvelle de tout le système pénitentiaire. Si la division en transportés condamnés aux travaux forcés et en transportés simples persistait, il y avait du moins une coordination des règles, et un système. Les derniers étaient divisés en six classes selon leurs travaux et leur capacité — ouvriers d'usine, ouvriers de route, artisans, serviteurs assignés, colons, enfin

1. Ils peuvent s'établir dans quelques localités à leur choix; les liens de famille subsistent, les parents peuvent les accompagner, des terres, des outils leur sont donnés.

2. FOINITSKI et BONET MAURY, *op. cit.*

3. Beaucoup de fonctionnaires considéraient les transportés comme leur chose et les gardaient au lieu de les envoyer en Sibérie. — Parmi les transportés même, le *troc* était une chose monstrueuse. « Un convoi de déportés se met en route pour la Sibérie... Quelque part... un déporté, Mikailoff, qui désire troquer son sort contre celui d'un autre, un condamné aux travaux forcés pour un crime capital... cherche... un camarade simple et bonasse dont la peine soit moins rigoureuse... le trouve enfin... ils se lient...; enfin... Mikailoff enivre son camarade, puis il lui demande s'il veut « troquer son sort... On tombe d'accord; le rusé Mikailoff profitant de la simplicité de Souchiloff lui achète son nom pour une chemise rouge et un rouble d'argent qu'il lui donne devant témoins... On annonce alors le marché à tout le convoi... » DOSTOIEVSKY, *op. cit.*, p. 87 et sq.

la classe de ceux qui ne pouvaient rentrer dans les classes précédentes[1].

Le Gouvernement tenta même, vers 1827, de créer des colonies d'État. Mais ce fut sans succès. Malgré des dépenses considérables faites dans la province de l'Ienissei, les quelques villages bâtis étaient bien éloignés de la prospérité. Comme toujours dans les colonies pénales, trop grande était la disproportion des sexes : l'administration essaya pourtant d'y remédier en achetant des jeunes filles des tribus nomades qu'elle offrait aux transportés : ils n'en voulurent point. La situation resta telle pendant de longues années, malgré les nombreux projets proposés, jusqu'à la confection du nouveau Code pénal[2].

Le nouveau Code pénal russe, intervenant après des législations souvent bouleversées, non homogènes et sans concordance, n'amena ni l'ordre, ni l'unité, comme il serait permis de le croire. Sur l'ensemble de la loi planait encore ce souci d'assurer à des contrées lointaines un travail dont elles avaient besoin pour être mises en valeur et la nécessité d'un peuplement forcé : c'est la tradition russe qui s'est imposée à travers les âges et qui persiste dans les lois nouvelles, moins ouvertement, il est vrai, qu'autrefois. La graduation des peines — majeures ou correctionnelles — est encore assez confuse : les juges franchissent un ou plusieurs degrés, selon la gravité de la faute.

D'une façon générale, la transportation russe se présente sous quatre grands modes différents : la déportation politique et religieuse, l'exil communal[3],

1. Foinitski et Bonet Maury, *op. cit.*
2. Vers 1837, cependant, on avait rétabli la peine de mort pour quelques cas graves.
3. Le *Mir*, qui est responsable des impôts, peut, à la majorité des deux tiers, expulser les insolvables, ou même les indignes.

la transportation simple et la transportation aux travaux forcés, de quatre ans au moins à vingt ans au plus. — On n'étudiera ici que les deux dernières de ces peines, les deux autres étant des mesures administratives; la première est insusceptible de laisser un espoir quelconque de colonisation; la seconde ne conduit l'exilé qu'au vagabondage, loin de tout travail, car il a toujours l'espoir d'être admis à nouveau par le *mir* qui l'a rejeté de son sein, ou même par un autre.

La transportation simple rentre à peu près dans le même cas. Comme elle n'est appliquée que pour des délits de peu de gravité[1] et n'est jamais perpétuelle, le condamné garde toujours l'espérance de rentrer en Russie. En attendant le jour tant souhaité, au lieu de cultiver son champ et de labourer sa terre, il suit son humeur vagabonde, il erre de province en province, de village en village, vivant de la mendicité et du vol jusqu'au moment de l'expiration de sa peine. C'est là, pour la Sibérie, un péril grave que MM. N. Galkine-Vrasskoï, chef de l'administration générale des prisons de l'empire de Russie, signalait déjà en 1893[2].

La transportation aux travaux forcés, qui est prononcée pour les crimes capitaux, s'exécute en Sibérie orientale, dans les provinces du fleuve Amour et dans l'île de Sakhalin. Les forçats ne sont plus amenés aujourd'hui comme autrefois dans ces longs convois qu'a décrits Dostoievsky, où toutes les classes des transportés étaient mélangées; s'arrêtant dans

1. Vols qualifiés, coups n'ayant pas entraîné la mort.
2. *Bulletin de la Société des Prisons*, 1893, p. 112. Congrès international de Saint-Pétersbourg : M. Galkine-Vrasskoï : « La Sibérie doit cesser d'être un lieu de déportation; progressivement le vagabondage s'y est développé dans des proportions qui rendent illusoire la pénalité et compromettent la colonisation libre. » V. aussi ce *Bulletin*, 1890, 24 novembre.

les villages, où ils vivaient en quelque sorte de la charité publique, ils étaient chargés de fers, mal nourris et à peine vêtus. C'était un voyage considérable que celui de l'Europe à l'Asie, où les évasions, les maladies ne se comptaient pas. Aujourd'hui, dit M. Foinitski[1], « le voyage s'effectue partie à pied, partie en chemins de fer, en barges et en chars. L'itinéraire général passe par Moscou, Nijni-Novgorod, Kazan, Perm, Ekaterinbourg et Tiounen. Les transportés vont jusqu'à Nijni en chemin de fer, dans des wagons spéciaux ; ils descendent la Volga et remontent la Kama jusqu'à Perm en barges spéciales remorquées par des vapeurs. A Perm, ils sont transbordés sur des wagons qui les conduisent au-delà de l'Oural à Ekaterinbourg, d'où ils gagnent Tiounen dans des chariots. Ils font en bateau le trajet de Tiounen à Tomsk, mais, depuis Tomsk, ils font la route à pied. » On voit quelles sont encore aujourd'hui les fatigues, les peines et la cruauté de ce voyage à travers des steppes glaciales et combien coûte à l'État un pareil transport[2].

A l'intérieur des bagnes, les forçats sont partagés en plusieurs classes : la première est celle des « observés » : ils y restent de un à huit ans, suivant la durée de leur peine ; dans la seconde, dite des « corrigibles », sont admis les condamnés de la première classe en voie d'amendement. Leur peine est, pour eux, déjà sensiblement adoucie, leurs chaînes sont enlevées, leurs travaux moindres ; ils perçoivent le dixième du produit de ces travaux et peuvent même

1. FOINITSKI et BONET MAURY, *op. cit.*
2. « Ce long voyage revient à l'Etat à 1.200.000 roubles (3 millions et demi de francs environ) par an pour le transport de 10000 condamnés. En sorte que chaque condamné coûte en moyenne 125 roubles (340 francs), non compris les frais d'administration, de surveillance, et les dépenses pour les prisons-entrepôts. »

parvenir, par leur bonne conduite et leur persévérance, à avoir le droit de travailler pour leur propre
compte, de se construire une maison : depuis un
décret de 1893, ils peuvent faire venir leur famille et
se marier[1]. Enfin, la troisième classe est celle des
« transportés-colons ». Les détenus ne peuvent entrer
dans cette catégorie qu'à l'expiration de leur peine,
ou au bout de vingt ans, s'ils ont été condamnés au
maximum.

On a vu plus haut l'insuccès des colonies dites
d'État. Il n'a pas empêché de songer, comme toujours
depuis des siècles, à l'intérêt que peut présenter
l'installation de transportés-colons en Sibérie. Aussi,
maintenant, au lieu de former des colonies séparées
et soumises à des directeurs spéciaux et à des règles
particulières, ils sont seulement tenus de se fixer
aux environs des villages, sur de certains territoires
où l'administration leur concède des terres. « Afin
d'encourager le transporté-colon à s'installer, dit
encore M. Foïnitski, on l'exonère de tout impôt
pendant trois ans, et d'une partie seulement pendant
les sept années suivantes. Pendant ces dix années, il
reste en surveillance et ne peut pas quitter son village, même pour ses affaires, sans une permission
spéciale. Au bout de ces dix ans, il devient paysan
d'État et soumis aux règles de surveillance générale :
cependant, le temps d'épreuve peut être abrégé pour
des actions d'éclat et des services exceptionnels. »
Il paraît résulter des documents récents que des
passeports sont libéralement octroyés pour toute la
Sibérie et offrent une certaine latitude au vagabondage. Ainsi, la colonisation agricole a donné fort peu
de résultats décisifs. Le transporté-colon, outre l'in-

1. *Bull. de la Société des Prisons*, 1893, p. 1227.

capacité juridique dont la loi le frappe[1], reste le plus souvent sans famille; la femme honnête refuse presque toujours de suivre un mari criminel et de courir les chances problématiques d'un établissement nouveau; pour celle qui ne l'est pas, elle ne peut apporter au foyer une grande stabilité. De plus, le transporté est sans argent[2]. Au milieu de ces misères, il est pris du « mal du pays » et veut « changer son sort ». Il quitte donc son exploitation et, comme les exilés des communes, ajoute une recrue à la masse des vagabonds ; c'est la plaie vive de la colonisation libre en Sibérie.

Tout au contraire, les établissements pénaux où sont détenus les condamnés aux travaux forcés paraissent avoir donné d'heureux résultats. Outre qu'ils coûtent peu, dit-on, leur succès paraît s'affirmer de jour en jour.

Le principal établissement destiné à l'exécution des travaux forcés est situé à l'île de Sakhalin. Mais celui de Nerstchinsk, situé dans le bassin de l'Amour, au pays des Toungouses et des Giliaks[3], occupe aussi beaucoup de transportés. Il est célèbre surtout par les souffrances des « décembristes » et de tant d'exilés politiques. Aujourd'hui les détenus y sont employés dans les laveries d'or de Kara, sur la Chilka, ou à l'extraction de l'argent. Ils sont au nombre d'environ 3 500[4].

Mais c'est sans contredit l'île de Sakhalin qui paraît avoir aujourd'hui le plus grand renom parmi tous les établissements pénitentiaires russes, tant au point

1. Il est déchu de tous les droits civils ; cependant, les règlements lui permettent de posséder quelques immeubles.
2. M. Foinitski dit que c'est avec 3 roubles environ qu'il commence généralement son exploitation.
3. V. RECLUS, *Géographie universelle*, l'Asie Russe.
4. *Bulletin de la Société des prisons*, 1890.

de vue pénal pur que comme expérience de colonisation pénale. Si le peu de temps qui s'est écoulé depuis sa création ne permet pas d'affirmer encore le succès absolu, il laisse cependant les plus grands espoirs. Sakhalin est une des plus grandes îles de la terre : elle mesure environ 950 kilomètres du Nord au Sud, dans la mer d'Okhotsk, peuplée d'Aïnos et de Giliaks, dont les races s'éteignent peu à peu — ils étaient environ 15 000 vers 1880 et ne sont plus guère aujourd'hui que 3 000[1] — ; son climat est le climat de toute la Sibérie orientale : sa rudesse est accrue par une atmosphère humide, des brouillards, des pluies et des neiges. « Il ne reste même pas un tiers de l'année pour le beau temps. » — C'est depuis 1875 seulement que l'île de Sakhalin appartient au Gouvernement russe : il l'échangea alors avec le Japon contre les îles Kouriles. Et dès cette époque, elle fut vouée à la colonisation pénale.

L'occupation débuta à Doui, port important au centre même des houillères qui sont particulièrement nombreuses dans l'île et sur lesquelles on fondait beaucoup d'espoirs. Mais, à cette époque, Sakhalin ne jouait pas encore le rôle important qu'elle a tenu depuis : l'administration y convoyait des forçats transportés dans la région de l'Amour[2]; peu d'entre eux y demeurèrent. Ce n'est qu'en 1879 que l'île a été transformée.

Sakhalin est, par une fiction juridique, considérée comme une gigantesque prison, ce qui permet de laisser vivre sur tout le territoire de l'île des condamnés qui devraient, au terme des règlements, passer un tiers de leur peine dans une katorga. On voit quels avantages peuvent résulter d'un semblable système :

---

1. V. Reclus, *op. cit.*, p. 855 et sq., et *Bulletin de la Société des prisons*, loc. cit.
2. *Bulletin de la Société des prisons*, 1895, p. 1212.

c'est un régime de liberté avec travail obligatoire. Les transportés ont le droit de construire une maison, de défricher un champ. Ils peuvent faire venir leur famille ; amenée aux frais de l'État, elle reçoit un secours mensuel — 3 roubles[1] par mois environ — pour l'entretien des enfants. D'après Tchetchov[2], l'administration procéderait à l'union forcée des célibataires, en accouplant les femmes transportées à des condamnés dans une sorte de concubinat inférieur prenant fin avec la condamnation elle-même.

Les condamnés sont dans l'obligation d'entretenir le chemin qui relie leur maison avec les grandes routes de l'île. Les travaux auxquels ils sont astreints sont de différentes sortes : le percement de la *Taïga*, forêt vierge ; construction des grandes routes qui réunissent les centres coloniaux, des chemins de charroi. Selon le système employé pour la construction du chemin de fer transsibérien, les forçats suivent, chaque jour, la route qu'ils construisent ; des baraques portatives et démontables servent à les loger ; des cuisines de campagne, et des fourgons pour le transport du pain et des vivres les suivent. Il y a donc là travail utile et économie de temps. Pour les crimes capitaux, les transportés sont enrôlés dans des brigades qui travaillent aux mines.

Il importe d'ajouter que les femmes sont obligatoirement déportées à Sakhalin depuis 1883. Celles-ci forment environ 30 % de la population féminine de l'île, où la population augmente chaque jour. Malgré la dureté du climat, la procréation y est facile, à l'encontre des pays tropicaux, où les avortements naturels sont si fréquents.

Enfin, cette population pénale se complète des

1. 9 à 10 francs.
2. *L'île Sakhaline (ostrof Sakhaline).*

libérés de la transportation qui étaient en 1892 au nombre d'environ 3 200. Il leur est attribué des vivres pour deux ans, des vêtements, un hectare de terrain défriché et des instruments agricoles.

Pour assurer à l'île son caractère complet de pénitencier, les trafiquants sont rarement admis à débiter leurs marchandises. L'alcool, qui faisait tant de ravages dans les anciennes katorgas[1], est absolument interdit, même aux fonctionnaires subalternes de l'administration, au terme des règlements ; il est vrai que des ouvrages affirment le contraire[2]. Les condamnés ou libérés ne se trouvent donc guère en relation qu'avec quelques Aïnos nomades, ou de très rares Japonais, dont la méfiance est la sauvegarde de l'administration contre toute tentative d'évasion.

En 1894, plus de 550 kilomètres de chemins avaient été tracés, plus de 3 000 hectares défrichés; l'île avait produit 160 000 pounds de grains[3] et 530 000 pounds de pommes de terre[4].

On voit quels résultats a déjà donnés la transportation russe dans l'île de Sakhalin. Il est vrai que l'œuvre de colonisation pénale y est encore très jeune et ne compte pas plus de seize ans, depuis la première visite de M. M. N. Galkine-Vrasskoï dans l'île, en 1882[5] : mais elle laisse beaucoup espérer : sur ce territoire énorme, — aussi grand que certaines petites nations européennes — les énergies ont de l'espace pour se développer librement, au grand air : le climat lui-

---

1. Voyez sur l'alcool au bagne, et les fraudes qui permettent de l'introduire, DOSTOIEVSKY, *op. cit.*
2. TCHETCHOV, *op. cit.*
3. 560 000 kilos.
4. 480 000 kilos.
5. *Bulletin de la Société des prisons*, 1895.

même y complète l'expiation par le travail. Cette immense prison naturelle, séparée du continent par une mer, a besoin d'une somme de travail considérable pour être mise en valeur : forêts à percer, mines à exploiter, ports à construire, rien ne manque à l'activité. Et l'œuvre accomplie jusqu'ici paraît laisser pour l'avenir les plus grandes et les plus fermes espérances.

D'ailleurs, le prix de la transportation à l'île de Sakhalin, s'il faut en croire l'administration, est moins élevé que partout ailleurs : la faculté pour le transporté de vivre dans sa propre maison et sur son propre champ, naturellement avec l'aide du trésor qui pourvoit à l'insuffisance de ses moyens, est une source précieuse d'économies. Cependant, il est bien certain que le Gouvernement doit faire porter à Sakhalin une grande quantité de blé — celui que produit l'île est insuffisant pour sa consommation — et grève ainsi lourdement son budget[1].

Mais, d'après les renseignements fournis par la littérature russe qui a traité de ces questions, Tchetchov en particulier, il y a une objection économique plus grave à faire à ce système brillamment inauguré.

Les transportés de droit commun déportés à Sakhalin seraient voués à une existence de paresse et d'inaction que les réglements n'ont probablement pas prévue. — Les travaux obligatoires, placés sous la direction de fonctionnaires subalternes qui, à une telle distance de la métropole ne redoutent aucun contrôle, ne seraient pas menés très vigoureusement : et comme les occupations agricoles et domestiques occupent assez peu les transportés que leur union — à temps — avec

---

1. Foinitski et Bonet Maury, *op. cit.*, p. 201, note : le Gouvernement a payé en 1884 à la Société de la flotte volontaire, plus de 150 000 roubles, environ 400 000 francs, de ce chef.

des femmes généralement débauchées n'attache pas au foyer, il en résulterait, d'après Tchechov, une vie de paresse et de débauche. Peut-être les réglements estiment-ils qu'il y a lieu de donner un peu de répit à ces « malheureux » expatriés qui ont fait le terrible voyage depuis Tomsk ; car il y a vraiment disproportion entre la peine elle-même, et le chemin qui conduit au lieu de son exécution. Mais la barbarie de l'un n'autorise pas la mansuétude de l'autre.

Telles sont les critiques dont a été l'objet l'île de Sakhalin. Les auteurs russes ont surtout appuyé sur les graves inconvénients de la déportation simple et du colonat, se résolvant en un vagabondage endémique qui n'est jamais atteint et se multiplie chaque jour. Ce péril se double du tort fait à la colonisation libre par une proximité dangereuse et redoutée à juste titre. Dans l'étude de la transportation dans la Sibérie orientale, on se retrouve devant ce phénomène déjà observé en Australie, et qu'on rencontre en France : la colonisation libre demandant la suppression de la colonisation pénale et voulant s'en défaire à tout prix. C'est aujourd'hui la question pénale russe à l'ordre du jour, et des commissions ont été nommées dans le but d'étudier les nombreuses combinaisons proposées à ce sujet.

La transportation pénale en Sibérie, on le voit, a subi bien des phases et n'a probablement pas encore trouvé sa formule définitive, au moins en ce qui concerne les transportés colons de la Sibérie orientale. Quant à l'île de Sakhalin, l'expérience tentée jusqu'ici paraît avoir donné des résultats assez avantageux ; il ne faut pas s'empresser d'en assurer le succès dans la suite. Mais il est évident que le Gouvernement russe, en se rendant possesseur d'une île immense, riche en gisements et en forêts, à peu près dénuée d'habitants, et à une distance de la métropole plus que suffisante pour ôter tout espoir de retour, a fait une heureuse acquisition ; et peut-être pour lui, si le nombre des peines de transportation inscrites au Code pénal russe se trouve diminué, le problème est-il résolu.

DEUXIÈME PARTIE

LA FRANCE

Étudier la colonisation pénale en France, son histoire, son but, les résultats qu'elle a produits ; faire l'historique de la législation depuis 1789, de la loi de 1854, des Décrets nombreux qui l'ont modifiée, ainsi que de la loi du 26 mai 1885 sur la relégation ; chercher alors quel a été le rôle des éléments de la transportation, — transportés, libérés, relégués, femmes — dans la législation actuelle, ce qui a été fait à la Guyane, à la Nouvelle-Calédonie et dans les autres colonies pénales ; enfin quels rapports règlent tous ces éléments mêlés et, en quelque sorte, confondus dans les principales de nos colonies pénales : tel est l'objet de la seconde partie de cette étude.

CHAPITRE I

La Législation de 1789 à 1854.

————

Lorsqu'en 1789 l'Assemblée constituante examina
la question de la transportation, celle-ci n'apparaissait
comme une mesure législative que pour la première fois
en France. Mais parfois déjà elle avait été appliquée,
comme mesure purement administrative, pour servir
les projets coloniaux du roi et pour assurer — il l'espérait du moins — le peuplement de nos colonies d'outre-
mer. C'est ainsi qu'au début du XVIᵉ siècle, François Iᵉʳ
donna à Jacques Cartier « capitaine et pilote du roi »
50 condamnés graciés par une Commission royale[1].
Plus tard, une soixantaine d'autres condamnés furent
tirés de leur prison pour être conduits en Acadie où,
d'ailleurs, ils périrent presque tous[2]. Enfin, vers 1720,

1. « Est prescrit à tous les prévotz, baillifs et aultres avoués
tant du royaume que de Bretagne par devers lesquels sont aulcuns
prisonniers.... qu'ils aient à délivrer, incontinent rendre et
bailler es mains de Cartier ou ses ayans pouvoirs, ceux desdits
prisonniers qu'il connoitra propres, suffisans et capables pour servir en icelle expédition jusqu'au nombre de cinquante personnes
et à son choix; iceux premièrement jugés et condamnés selon leur
démérite et la gravité des faicts. »
2. V. aussi A. HEULARD, *Villegagnon, roi d'Amérique*, Paris, E.
Leroux, 1898. Chevalier de Malte, ce Villegagnon, occupant alors
les fonctions de vice-amiral à Brest, reçut en 1556, d'Henri II,
10000 livres pour fonder une colonie au Brésil. Après un appel inutile à toutes les bonnes volontés, il finit par ramasser dans les culs

Law, qui tenait à tout prix à peupler et à coloniser les possessions sur lesquelles il avait la haute main dans le domaine de la Compagnie des Indes occidentales, envoya à la Nouvelle-Orléans des vagabonds et des filles publiques[1]. D'après une déclaration de 1719, le duc d'Orléans aurait songé à la transportation[2]. Mais l'essai le plus connu — et le plus tristement — de colonisation forcée est celui que tenta, en 1763, le ministère de Choiseul, en envoyant à la Guyane, sur les bords du Kourou, environ 15 000 vagabonds et individus sans moyens d'existence. Il paraît à peu près certain que tous y périrent.

Pas une des expériences tentées n'avait donc réussi : toutes, au contraire, avaient semé la désolation et la mort dans les rangs des expatriés. Il est permis, en conséquence, de se demander comment l'Assemblée constituante osa aborder un sujet qui rappelait de si funestes souvenirs. C'est vraisemblablement qu'à cette époque les institutions de l'Angleterre avaient droit de cité en France, où on ne leur emprunta pas que le régime parlementaire. Les Assemblées savaient que, deux ans plus tôt, le cabinet de Saint-James avait envoyé le capitaine Philipp prendre, avec des

de basses fosses de Rouen 600 condamnés, embarqués au Havre sur trois vaisseaux. La mission s'établit sur un îlot dans la baie de Rio-de-Janeiro. Désespérant d'agrandir ses possessions, Villegagnon demanda du renfort. Coligny lui envoya une mission calviniste, que Villegagnon rembarqua après des divisions religieuses ; découragé lui-même, il revint à Paris en 1559.

1. « C'est une douzaine de filles de joie que je conduis avec mes compagnons jusqu'au Havre de Grâce où nous les ferons embarquer pour l'Amérique : il y en a quelques-unes de jolies... Elles (les filles) étaient au nombre de trente... ; le Gouverneur les ayant longtemps observées fit appeler plusieurs jeunes gens de la ville qui languissaient dans l'attente d'une épouse. Il donna les plus jolies aux principaux et le reste fut tiré au sort... » *Histoire de Manon Lescaut et du chevalier des Grieux*, par l'Abbé PRÉVOST. V. aussi la conclusion du roman.

2. HOLTZENDORFF, *op. cit.*

convicts, possession de la Nouvelle-Galles du Sud. Et ce n'était pas au surplus une nouveauté faite pour déplaire à des esprits républicains que ces ressouvenirs de la Rome antique où ils puisaient tant d'exemples. L'Assemblée constituante discuta donc la question de la transportation : elle songea à créer de véritables colonies pénales. Les événements l'empêchèrent d'aboutir à une solution.

Ce n'est qu'en 1790 qu'elle parvint à voter un texte définitif. La loi du 25 septembre 1791 ne décidait pas de transporter tous les condamnés pour crimes : ils exécutaient leurs travaux forcés à l'intérieur de la Métropole[1]. Ce n'est que pour la récidive — et on voit que l'idée n'est pas nouvelle — que fut organisée l'expatriation. Seront transportés à l'expiration de leurs peines ceux qui auront commis un second crime[2]. Aucune idée aggravante de châtiment n'entre dans cet éloignement du condamné, mais le seul intérêt de la Société à se défaire d'un élément de trouble : c'est la notion ancienne.

Le décret du 24 vendémiaire an II (15 octobre 1793) s'occupe encore de la suppression du vagabondage et de la mendicité. Au titre IV d'un Décret contenant des « mesures pour l'extinction de la mendicité », le

1. Titre I, art. 6. « Les condamnés à la peine des fers seront employés à des travaux forcés au profit de l'État, soit dans l'intérieur des maisons de force, soit dans les forts et arsenaux, soit pour l'extraction des mines, soit pour le desséchement des marais, soit enfin pour tous autres ouvrages pénibles. »

2. Titre II, art. 1. « Quiconque aura été repris de justice pour crime, s'il est convaincu d'avoir postérieurement à la première condamnation commis un second crime emportant l'une des peines des fers, de la réclusion dans la maison de force, de la gêne, de la détention, de la dégradation civique ou du carcan, sera condamné à la peine prononcée par la loi contre ledit crime, et après l'avoir subie, il sera transféré pour le reste de sa vie au lieu fixé pour la déportation des malfaiteurs » à moins que (art. 2) les peines subies soient de moindre gravité.

principe de l'éloignement des individus sans moyens d'existence est désormais admis et, dans l'article 1er il est dit que « le Conseil exécutif fera connaître « incessamment à la Convention nationale quel lieu « il juge le plus propre à la transportation et quels « moyens il faudra employer pour mettre cet établis- « sement en activité ». Désormais, tous les récidi- vistes du vagabondage, à une première récidive, s'ils ne peuvent justifier d'aucun domicile (art. 5) subissent la peine de la transportation (art. 3) après un an de détention. Mais elle ne sera pas à vie comme dans la loi de 1791 : sa durée sera d'au moins huit ans, pro- longée si la conduite du transporté est mauvaise, diminuée s'il mérite cette faveur par quelque action d'éclat. Cette peine ne peut s'appliquer au détenu de moins de dix-huit ans et de plus de soixante. Le transporté travaille au compte de l'État et ne touche que le sixième du prix de son travail : l'Administra- tion lui remet, pour sa consommation personnelle la moitié de cette somme dont l'autre moitié est réservée au pécule de sortie. Le décret organisait même une sorte de classe de libérés : à l'expiration de la peine il est accordé au transporté une concession de terrain sur laquelle il devait pourvoir à sa subsistance[1] : mais il ne peut se charger lui-même d'en vendre les produits ; c'est l'Administration qui opère cette vente et qui garde la moitié du prix pour se rémunérer de ses frais, à moins que l'étendue de la colonie n'empêche cette gérance ; mais, dans ce cas, le concessionnaire

---

1. Art. 12.

Art. 13. — « Le terme de la liberté étant arrivé, le transporté recevra une portion de terrain telle, qu'en travaillant, sa subsis- tance puisse être assurée. La portion du produit de son travail qui lui aura été conservée aidera à lui fournir en outils, en denrées les moyens de mettre son fonds en activité. »

doit toujours lui remettre la moitié du produit[1]. Enfin le transporté que le Décret veut attacher à la colonie ne peut rentrer en France qu'un an après sa libération ; mais alors, sa concession fait retour à l'État[2]. S'il s'est marié dans la colonie il est exonéré dans une certaine mesure : s'il a un enfant, du quart de l'indemnité qu'il doit à l'État sur ses opérations commerciales ; s'il en a plusieurs, de la moitié. Et dans ce cas, ses biens leur sont transmis en toute propriété[3].

Le conseil exécutif, pour obéir aux injonctions de l'article 1er du décret de Vendémiaire, désigna le lieu où serait exécutée la transportation : ce fut (décret du 11 brumaire an II, 1er novembve 1793) l'île de Madagascar, au Fort-Dauphin, qui prenait pour la circonstance le nom de Fort de la Loi : il devait y être construit des bâtiments pour quatre cents hommes[4].

Ce décret, si complet et si net, ne put même pas recevoir un commencement d'application. Pour se rendre à Madagascar, il aurait fallu armer des navires, faire une longue et pénible traversée. Or la flotte de la Convention, déjà très réduite, combattait

1. Art. 14. — « L'Administration se chargera du produit de ses travaux, vendra ses denrées, lui en remettra aussitôt la moitié du prix : l'autre moitié servira au remboursement des dépenses et entretien de l'établissement.

2. Art. 16.

3. Art. 17.

4. Art. 1. « Les mendiants condamnés à la déportation et autres... seront transportés à la partie sud quart sud-est de l'île de Madagascar au lieu ci-devant dit Fort-Dauphin qui se nommera de ce jour Fort de la Loi. » — Art. 2. Le Conseil exécutif donnera les ordres les plus précis à l'île de France pour faire réparer les bâtiments au Fort de la Loi et pour y en faire construire de nouveaux susceptibles de contenir quatre cents hommes. » — Art. 4. « Le comité (municipal et administratif de Sous-Pointe)... fera fournir les instruments d'agriculture et autres objets nécessaires pour un pareil établissement. »

contre les Anglais qui occupaient les mers. Il fallut bien laisser les vagabonds dans les dépôts de mendicité et dans les maisons de détention. Il en résulte que, dans la pratique, ce décret ne présente aucun intérêt, mais il prend une signification considérable comme prodrome d'une institution qui ne devait trouver sa forme définitive que dans la loi de 1854, dans un sens un peu différent, il est vrai : il ne s'agissait en effet, en 1793, que des vagabonds et non des criminels; et d'autre part, il est permis de croire que l'administration avait en vue une autre destination a ses transportés que Madagascar puisqu'il n'y était préparé de locaux que pour quatre cents individus.

Cette législation devenue inapplicable par le fait de la guerre maritime avec l'Angleterre, il fallut bien se résoudre à prendre une décision : le nouveau code pénal allait être promulgué. La loi du 12 février 1810 édicta la peine des travaux forcés. Ce n'était pas l'abandon des idées nouvelles : on a vu, en effet, que seuls, les récidivistes du vagabondage et de la mendicité étaient expatriés. C'était au contraire la suite logique de la loi du 25 septembre 1791, où les travaux forcés étaient spécialement désignés[1]. — La récidive, à l'avenir n'entraînait plus l'expatriation; elle ajoutait seulement une circonstance aggravante au délit[2].

Telle est la situation qui persista d'une façon absolue et sauf de très minimes modifications jusqu'à la loi du 30 mai 1854. La peine de la transportation était subie dans les bagnes[3], à Toulon, à Brest, à Rochefort.

---

1. Article 6.
2. *Code pénal*, articles 56, 57, 58.
3. Le bagne n'est qu'un succédané des galères royales, où ramaient les condamnés. En 1748 (ordonnances du 28 septembre), les galériens furent répartis dans des établissements spéciaux. Le Décret du 5 octobre 1792, en exécution du Code pénal, ordonna

Leur étude sort des limites du sujet qu'on se propose
ici. La main-d'œuvre y était employée, soit dans des
ateliers, soit sur des chantiers, au curage des ports,
aux corvées, à la confection des routes, etc.

Elle paraît avoir donné de très médiocres résultats.
C'est ce qu'exprimaient dès 1820 les rapports officiels[1].
On sent déjà qu'à cette époque l'opinion publique se
refuse à admettre une mesure qui ne satisfait ni les
intérêts de l'État, ni ceux des individus[2]. Cette évolution qui se poursuivra pendant de longues années,
trouve son expression chaque jour plus ferme dans la
littérature et dans les rapports officiels. Ceux-ci commencent au début par critiquer le régime actuel
auquel sont soumis les forçats pour qui « la loi pénale
« que les tribunaux ont voulu leur appliquer n'est
« point exécutée[3] ». M. de Tocqueville s'associe à
leurs conclusions, et bien que quelques réformes soient
apportées dans les établissements pénitentiaires[4], leur
insuccès s'affirme de plus en plus. Des idées nouvelles tendent à se produire. — Dès 1818, un rapport

que cette peine serait subie dans les ports, où les bagnes dépen-
daient du Ministère de la Marine.

V. sur les bagnes : *Code des Prisons ou Recueil complet* (à partir
de 1670), *des lois, ordonnances, arrêts, réglements, circulaires, instructions ministérielles concernant le régime intérieur, économique et disciplinaire des maisons d'arrêt, de justice et de force*, par MOREAU
CHRISTOPHE, Paris, 1845. — *Mémoires sur l'état actuel des bagnes en
France*, par GLEIZES, 1840. — *Les Forçats considérés sous le rapport
physiologique, moral et intellectuel, observés au bagne de Toulon*, par
H. LAUVERGNE, 1841. — *De la répression pénale, etc.*, par BÉRENGER,
1855. — *Essai sur les peines et le système pénitentiaire*, par I. ALAUZET,
1863.

1. *Rapport* de M. Portal, ministre de la Marine, 1820.

2. HOLTZENDORFF, *op. cit.*

3. *Rapport* du baron Tupinier en 1838, signalant entre autres,
l'inutilité des criminels renfermés dans les bagnes où l'enchaîne-
ment rend les travaux plus lents. Pour occuper les détenus, les
autorités des ports font commencer des travaux inutiles.

4. Décret du 16 septembre 1839.

sur les prisons et les bagnes[1] avait conclu que la transportation des condamnés aux travaux forcés peut seule opérer une transformation radicale d'un système néfaste. Il provoqua la nomination d'une commission dont les travaux n'aboutirent pas.

Enfin, parmi les discussions nombreuses où les projets furent ajournés, un projet de loi du gouvernement en 1821 mérite l'attention : il demande de remplacer les travaux forcés par la transportation. Malgré une enquête favorable, il n'aboutit pas plus que les précédents : les événements politiques sans doute l'en empêchèrent.

En 1843, deux députés, MM. d'Haussonville et de la Farelle, demandèrent à la Chambre que la transportation devînt, de droit, le complément d'un emprisonnement de plus de onze ans. Les Cours d'appel qui furent appelées à se prononcer dans ce grand débat ne furent pas d'accord sur les mesures à prendre, et quatorze seulement admirent le projet de loi[2]. Malgré de longues discussions, des débats passionnés auxquels prirent part Bérenger, Lamartine[3], etc. ; la Révolution de février arrêta encore une fois l'élan de l'opinion.

Elle trouva enfin son expression dans le Message lu à l'Assemblée nationale législative par le Ministre de l'intérieur M. Baroche, le 12 novembre 1850, dans lequel le Président essayait de rassurer les esprits émus par le trop grand succès de ses voyages en province. Il annonçait qu'à l'avenir les condamnés aux

1. *Rapport* de M. Lainé, ministre de l'Intérieur.
2. D'HAUSSONVILLE, *Enquête sur le régime de nos établissements pénitentiaires*, Paris, 1874.
3. Ce dernier conclut : « La déportation après un certain nombre d'années passées dans les maisons de détention sur une terre étrangère, sur une terre pénale, et qui devient ensuite une terre de réhabilitation me paraît devoir donner à la loi son complément, son efficacité, sa moralité tout entière : sans lui, la loi est une impasse. »

travaux forcés seraient envoyés aux colonies et contribueraient, par leurs labeurs, à les développer. On ignorait encore dans laquelle de nos possessions s'opérerait ce transfert[1]. Une commission fut chargée de rechercher celle qui concilierait le mieux les exigences de la salubrité avec celles de la moralisation et de l'utilisation. Elle hésitait entre plusieurs et poursuivit longtemps ses travaux sans s'arrêter à une solution.

Un décret du 8 décembre 1851 permit de transporter, pour cinq ou dix ans, en Algérie ou en Guyane, les individus qui, placés sous la surveillance de la haute police, auraient rompu leur ban ou auraient fait partie d'une société secrète. En exécution de ce décret, furent déportés 350 condamnés politiques environ et près de 3 000 individus coupables de rupture de ban. Est-il besoin, dans une étude sur la colonisation pénale, de citer un tel texte sur lequel M. d'Haussonville s'est exprimé en ces termes[2] : « Il nous est impossible de ne pas dire que ce décret, entaché à nos yeux d'une inconstitutionnalité flagrante, en ce qu'il statue sur des matières de l'ordre législatif, a de plus exercé une influence nuisible sur l'avenir de la transportation en lui donnant tout l'odieux d'une mesure violente et en compromettant par un essai malheureux la pensée de la colonisation pénale. » On sait quels résultats amena cette mesure ; quel

---

1. « Six mille condamnés renfermés dans nos bagnes de Toulon, de Brest et de Rochefort grèvent notre budget d'une charge énorme ; se dépravent de plus en plus et menacent incessamment la société. Il a semblé possible de rendre la peine des travaux forcés plus efficace, plus moralisatrice, moins dispendieuse et en même temps plus humaine, en l'utilisant au progrès de la colonisation française. Un projet de loi vous sera présenté sur la question. Murmures d'approbation. »

2. D'HAUSSONVILLE, *op. cit.*

espoir de colonisation pouvaient donner des déportés qui n'attendaient qu'une heure propice pour rentrer en France?

Le gouvernement eut, heureusement, le soin d'employer plus utilement la transportation. La Commission chargée d'étudier la question de la colonisation pénale aboutit à un rapport présenté au Prince-Président le 21 février 1852 et signé de M. Ducos, ministre de la marine et des colonies. Il concluait au transfert des condamnés à la Guyane dont il assurait la salubrité[1] : ils devaient fournir « sur le sol colonial, des citoyens utiles à leur pays. » Il avait été établi, dans les bagnes, dit le rapport, des « registres sur lesquels les condamnés, après avoir pris connaissance du régime nouveau auquel ils doivent être soumis... ont été appelés librement et volontairement à déposer leur adhésion. » La première organisation de la Guyane est décidée : le ministre a pris les mesures nécessaires. A ceux qui protestaient, au nom de la légalité, contre une pareille décision prise en dehors de toute mesure législative, il était répondu que le Prince avait droit de faire grâce, et qu'ainsi, en offrant au condamné une amélioration de son sort il ne sortait pas des limites de la légalité. N'aurait-on pas pu répondre qu'il ne s'agissait en somme que d'un

---

1. Les travaux conduits avec intelligence et assurés par la discipline à laquelle seront soumis les déportés achèveront d'assainir ces parages et relèveront la prospérité territoriale de notre colonie... » — « Ces développements, sur lesquels insiste la Commission, repoussent victorieusement les injustes préjugés répandus contre la Guyane. Ce pays ne semble connu que sous les funestes impressions de la malheureuse expédition du Kourou et de la déportation de Sinnamary. C'est rendre les lieux responsables de l'imprévoyance et de l'impéritie des hommes. » — « Ainsi sera réalisée une des plus généreuses pensées de notre siècle; ainsi la France vous sera redevable d'un des actes qui attestent le mieux la grandeur et la moralité du pouvoir... »

adoucissement momentané acheté au prix de la liberté future[1] ?

Le Décret du 27 mars 1852 décidait donc que « sans attendre la loi qui doit modifier le Code pénal » les condamnés seront envoyés en Guyane pour y être astreints à des travaux d'utilité publique et de colonisation[2] ; ils pourront, après deux ans de séjour dans l'établissement pénitentiaire, obtenir la faveur d'être assignés chez les particuliers, de recevoir des concessions de terrains dont ils auront la pleine propriété au bout de dix ans, de contracter mariage. Les condamnés à plus de huit ans doivent s'établir à perpétuité dans la colonie, les autres y demeurer un temps égal à celui de leur peine[3].

Telles sont les principales dispositions du décret du 27 mars 1852. Il établissait en somme une peine toute nouvelle et contenait, dans les limites étroites d'un décret, l'ensemble des idées qui devait inspirer la grande loi fondamentale votée deux ans plus tard, la loi du 30 mai 1854.

1. DE HOLTZENDORFF, *op. cit.*

2. Art. 1. — « Les condamnés aux travaux forcés actuellement détenus dans les bagnes et qui seront envoyés à la Guyane..... y seront employés aux travaux de colonisation, de la culture, de l'exploitation des forêts et à tous autres travaux d'utilité publique. »

3. Art. 5. — « La famille du condamné pourra être autorisée à le rejoindre dans la colonie et à vivre avec lui lorsqu'il aura été placé dans les conditions prévues. » Un décret du 20 août désignait aussi la Guyane pour recevoir les condamnés de couleur.

CHAPITRE II

La Législation en 1854 et les Décrets
de 1878 et 1880.

———

La loi du 30 mai 1854, « la Charte de la transportation en France[1] » n'innova point : elle n'était que l'application du décret du 27 mars. « La loi dont vous êtes saisis, disait M. du Miral aux membres de la Chambre dans l'exposé des motifs, en est la réalisation définitive[2]. » Il convenait cependant d'en faire l'application raisonnée, d'en décider et le but et les moyens.

Outre le but d'intimidation et de sécurité, la nouveauté de la loi résidait surtout dans le but presque purement colonisateur qu'escomptaient déjà ses promoteurs. Sans doute, il était dit : « La peine d'abord, la colonisation ensuite, telle est la pensée manifeste de la Loi nouvelle, telle est aussi la pensée très énergique de votre Commission... Le transporté ne sera livré à la colonisation qu'après une expiation ». Mais ces déclarations paraissent n'avoir été inscrites dans la Loi que pour ne pas effrayer les Chambres et ne

---

1. Leveillé, *Cours de législation coloniale* professé à la Faculté de droit de Paris.
2. Exposé des motifs.

pas rompre trop ouvertement avec les traditions anciennes : il faut toujours prendre quelques ménagements pour faire accepter des idées nouvelles. Vouloir faire du condamné un colon forcé et lui demander les travaux préparatoires de la colonisation, telle paraît bien avoir été la pensée même du législateur[1]. A chaque pas de la discussion de la loi, on voit invoquer l'exemple de l'Angleterre[2]. M. du Miral fait un long exposé de ce que fut, selon lui, la colonisation de l'Australie, et, devant ce haut exemple donné par un peuple colonial par excellence, la discussion paraît s'être faite très humble et sans résistance.

Seul, M. Lélut éleva quelques doutes sur les services qu'il fallait attendre des condamnés dans un pays malsain où « la déportation ne pourrait bien être qu'une peine intermédiaire entre les travaux forcés et la mort ». Selon lui, les forçats ne pouvaient être appelés qu'à préparer les voies de la colonisation libre; mais pour la colonisation elle-même, elle leur est et leur sera toujours interdite. « D'abord, on ne peut faire d'eux des colons avant l'expiration de leur peine, — ensuite une colonie de forçats peut moins que toute autre se donner la base indispensable de toute société, la famille[3] ».

1. « C'est une erreur de croire que dans l'exécution de la loi il y ait antagonisme entre l'intérêt pénal et l'intérêt colonisateur : si ces deux intérêts ne coexistent pas d'une manière complète, ils se succèdent avec avantage. Le libéré est un colon d'autant plus utile qu'il a mieux expié sa peine et acquitté le châtiment. »

2. « Les adversaires du projet l'accusent d'être un emprunt inopportun fait à l'Angleterre ; c'est dans les exemples et dans les faits fournis par la longue histoire de la transportation anglaise qu'ils puisent leurs principales attaques ; nous y trouvons, nous, d'utiles renseignements, des arguments considérables. »

3. « Au point de vue de la fondation des colonies, les forçats ne pourraient servir qu'à une chose, à préparer les voies comme des manœuvres, comme des esclaves... Les forçats par ce fait même

C'était peu lutter contre le projet qui, en somme, ne demandait qu'à préparer la colonisation libre. Le principe était admis et, si l'orateur croyait peu aux résultats de la colonisation pénale, M. du Miral coupait court à toutes les objections en invoquant le patronage de l'Angleterre, et M. Granier de Cassagnac pouvait, sans rencontrer d'interrupteurs, parler des « utopies de cabinet » de M. Lélut.

Le nouveau système différait cependant des institutions anglaises par un seul point où la Commission et l'exposé des motifs affirmaient la supériorité des idées nouvelles[1] : la perpétuité d'abord, ensuite le doublage, c'est-à-dire l'obligation de séjour, à vie, pour les peines de plus de huit ans, et du double de la peine pour les autres. Il y avait là, pensait-elle, un moyen d'établir des colons qui, par la nécessité même de leur existence, s'attacheraient à la terre et seraient d'utiles pionniers. On répétait le mot de Courrier : « Pour faire des honnêtes gens, il faut faire des propriétaires » qui donneraient une race intrépide de colons, toujours suivant le modèle fourni par la Nouvelle-Galles.

L'invitation était flagrante, on le voit, au moins dans la forme. Mais ce que les Chambres ne pouvaient appliquer, c'était l'esprit des institutions anglaises qui laisse, dans leur organisation, une si grande place au *self-help*. Tout ce plan était admirablement conçu, proposé, décidé : mais il était à redouter qu'une colonisation forcée ne laisse pas assez libre le jeu des

de leur condamnation... pourraient défricher des forêts, dessécher des marais, contribuer à la confection des routes, des ponts, des maisons, d'édifices publics, de casernes, de prisons surtout. Mais tout, excepté les prisons, ils le feraient, non pas pour eux, mais pour les colons libres, volontaires, honnêtes... »

1. « Le système de la loi nouvelle n'a jamais été exécuté en Angleterre dans les mêmes conditions... la loi nouvelle lui sera cependant incontestablement supérieure à raison de l'élément de perpétuité qu'il renferme et que la loi anglaise ne possède pas. »

énergies individuelles et que les personnalités des condamnés — moins que de tous autres — ne se modèlent pas exactement aux formes strictement définies par la Loi[1].

Cependant, on tenta si bien d'essayer le système employé dans la Nouvelle-Galles du Sud et de faire de la Guyane une Australie française qu'on voulut laisser à l'administration pénale coloniale tout le soin de la discipline, des conditions dans lesquelles le travail devait être effectué, et obtenues les concessions. La loi prévoyait bien l'intervention d'un réglement d'administration publique : elle espérait sans doute que l'administration des colonies découvrirait la formule qui devait régler au mieux les intérêts des colonies. Il n'apparut qu'en 1880[2].

La loi fut votée par 225 voix sur 228 suffrages. Elle reproduisait dans ses grandes lignes le décret du 27 mars 1852. La transportation des femmes était facultative (art. 4) ; les vieillards et les jeunes gens en restaient exempts (art. 5). La loi omet de parler de la répression des fautes contre la discipline et de la manière dont il faudra envisager l'expiation : par là, apparaît tout entier le but colonial de la loi ; tout au plus est-il dit, dans l'article 2, que les condamnés seront employés « aux travaux les plus pénibles de

---

1. « Il suffit d'avoir une connaissance superficielle de la colonisation anglaise et française pour voir que le but de la colonisation est impossible à atteindre avec tant de mesures limitatives contenues dans la présente loi. Il est curieux de voir ceux qui sont destinés à arracher un pays à l'état inculte dépouillés de tout ce qui peut exciter leur activité..... Le plan entier a en vue une colonisation forcée. » HOLTZENDORFF, *op. cit.*

2. Art. 14. « Un réglement d'administration publique déterminera tout ce qui concerne l'exécution de la présente loi et notamment 1º le régime disciplinaire des établissements ; — 2º les conditions dans lesquelles des concessions de terrains... pourront être faites ; — 3º l'étendue des droits des tiers..... »

la colonisation et à tous autres travaux d'utilité publique ». Encore cet article est-il presque tout entier colonial puisqu'il unit le point de vue de pénalité au point de vue d'utilisation, jonction possible selon la déclaration de M. du Miral.

Quant au côté purement colonial de la question, la loi pose des points importants. Dans sa confection, deux hypothèses étaient à prévoir : d'abord pendant la durée de la peine utiliser la main-d'œuvre pénale; ensuite, préparer l'organisation d'un régime de semi-liberté pouvant permettre au condamné libéré de devenir un jour colon et par là d'obtenir le maximum des faveurs administratives.

De la première de ces hypothèses, la loi ne dit à peu près rien : l'article 2, généralisant, prévoit seulement que le condamné exécutera les travaux les plus pénibles. C'était assez peu décider du sort des forçats aux colonies; et si le bagne était définitivement aboli, il aurait pu paraître utile de séparer nettement l'institution ancienne de la nouvelle en réglant d'une façon absolue la discipline intérieure des établissements de transportation. Il est vrai que l'Angleterre en donnant au capitaine Phillipp une commission générale n'avait pas délimité ses pouvoirs, mais, au contraire, lui avait laissé la plus grande latitude pour l'organisation de la future colonie.

Mais, par une étrange conception, la loi, qui ne savait ou ne voulait régler les conditions présentes de l'expiation dans les colonies d'outre-mer, prévoyait — ce qui affirme encore le souci colonial — le régime d'atténuation de la peine qui devait conduire le condamné à sa libération. Elle contient à ce point de vue toute l'organisation d'un système complet et homogène assez bien aménagé. Mais ici, il semble bien que l'exemple australien a été abandonné et qu'au lieu de s'en remettre à un gouverneur placé de façon à pouvoir se prononcer sur la nécessité et le choix d'un système, on lui imposa ses volontés : au lieu de plier la réglementation aux exigences de la colonie, c'est un plan, élaboré de longue date au sein des commissions, qui devra être appliqué.

Les condamnés qui auront donné des marques de bonne conduite et de repentir seront susceptibles (art. 11) de deux sortes de faveur : l'assignation individuelle et la concession.

L'assignation, dont le nom même est emprunté à l'histoire pénale de l'Australie, est cette « domesticité obligatoire » dont avait parlé M. du Miral : c'est l'autorisation de travailler aux conditions déterminées par l'administration, soit pour les habitants de la colonie, soit pour les administrations locales.

Par la concession, le condamné obtient la remise d'un terrain et la faculté de le cultiver à son propre compte (art. 14). Elle ne fut définitivement réglée que par le décret du 30 août 1878.

En ce qui touche la discipline et la subordination, les condamnés et les libérés étaient assimilés à des soldats : les lois militaires leur sont applicables. C'est ce qui résulte de l'article 1 du décret-loi des 4 août-18 septembre 1855 qui règle le régime pénal et disciplinaire des individus subissant la transportation dans les colonies pénales d'outre-mer ». Ce décret peut paraître assez étrange : il s'agit de remplacer les bagnes où la pénalité est devenue illusoire, où les résultats de la main-d'œuvre sont à peu près nuls, et l'administration soumet ces gens sans aveu, éliminés par la société, à des règles que subissent chaque jour nos marins !

L'article 1er de la loi de 1854 décidait que les travaux forcés seraient exécutés dans des établissements créés par décret de l'Empereur, sur le territoire d'une ou de plusieurs possessions françaises autres que l'Algérie.

La Guyane, appelée dès 1852 à recevoir des colons, continua ce rôle. Des voies nombreuses de communication fluviale, de hautes forêts tropicales, des végétations arborescentes y promettaient des résultats coloniaux merveilleux. La Guyane devait à bref délai faire oublier les terribles souvenirs de son passé et donner à la Métropole, en récompense des efforts faits pour la tirer de la langueur où elle gisait, une colonie pleine d'avenir. On y jeta d'abord le bagne de Rochefort, en bloc, sans prendre souci d'examiner si les forçats étaient capables, au sortir de la vie débilitante des pénitenciers, d'affronter le climat et les périls des premiers essais [1].

Malheureusement, dès 1855, les maladies se sont multipliées ; toutes les terribles manifestations du paludisme, toutes les fièvres s'unissent pour arrêter, selon les rapports officiels, « les progrès de la civilisation » et terrasser les premiers efforts. C'est alors, plus que jamais, que la Guyane est vraiment la guillotine sèche dont parle quelque part Victor Hugo. Le Bassin du Maroni, où ont été établis les premiers dépôts, devient intenable : comme on emploie les condamnés, nullement préparés à la vie coloniale, à creuser le sol ou à défricher les terres pour y bâtir des pénitenciers, ils se trouvent vite touchés par le mal qui les tuera : le paludisme est sans rémission.

— L'effroi gagne l'administration et, en 1857, l'Em-

---

1. Un rapport de 1838 n'avait-il pas dit : « Quoi qu'en disent les préjugés, le climat de Cayenne n'est pas malsain : malgré la chaleur et l'humidité excessive, l'air y est aussi pur que dans le Midi de la France » ?

pereur doit assurer qu'« on élabore un projet de loi destiné à transférer ces établissements en Afrique ou ailleurs [1] ».

Ce fut la Nouvelle-Calédonie que l'on choisit : un convoi partait dès le mois de septembre.

Le décret du 2 septembre 1863 relatif à la création d'établissements pour l'exécution de la peine des travaux forcés décidait qu'« il pourra être créé à la Nouvelle-Calédonie des établissements pour l'exécution de la peine des travaux forcés ». Là, comme le climat est admirable et clémente la nature, l'administration crut obtenir le succès tant cherché. Il lui était relativement facile : elle offrait aux condamnés, dans un généreux abandon, la plus belle de nos colonies. La mortalité y était rare : on jugea qu'il était humanitaire d'y continuer ces premiers essais. Si bien qu'à partir de 1867, y étaient convoyés tous les forçats de race blanche qui ne pouvaient supporter le climat de Cayenne. Au contraire, on déportait en Guyane les forçats de couleur — arabes, asiatiques, noirs — dont l'acclimatation était plus rapide.

Il était difficile de demander à cette législation, dans les premières années de son application, des résultats brillants. L'administration se trouvait devant un pays mal connu, sans préparation, avec une tâche énorme : l'établissement de la transportation — car la loi de 1854, si elle avait déterminé l'ensemble des idées maîtresses de la nouvelle institution pénale, n'en avait pas déterminé l'organisation. On sait que le règlement d'administration publique promis n'avait pas paru. Il se forma donc dès les premières années du fonctionnement de la loi, une sorte de réglementa-

---

1. A l'ouverture de la session législative de 1857.

tion prétorienne due aux premiers chefs de l'administration pénitentiaire, et qui, par la suite, influa sur
la formation des décrets qui devaient intervenir et
réglementer à nouveau nos colonies pénales. Ces décisions prétoriennes eurent cet inconvénient d'empêcher
au début toute unification des méthodes suivies ; les
procédés employés n'étaient pas les mêmes à la
Guyane qu'à la Nouvelle-Calédonie ; ce qui, en soi,
peut paraître assez normal — la législation doit se
plier aux nécessités du pays par lequel elle veut se
faire adopter — mais ce qui est contraire au caractère
uniforme de la loi française.

C'est donc aux gouverneurs généraux des colonies
qu'il appartient d'organiser le régime des forçats. Il
fallait leur imposer une discipline. Le décret du
18 septembre 1855 disait bien qu'ils seraient soumis
à la discipline militaire, mesure insuffisante pour des
repris de justice. A l'intérieur des établissements, le
fouet continua donc d'être employé, comme il l'avait
été dans les bagnes. Malheureusement, ce n'était que
sur l'ordre des autorités supérieures de la colonie :
par conséquent rarement, et sans beaucoup d'effet.

Ce qui paraît avoir offert des résultats plus avantageux, c'est la division des condamnés en quatre classes[1]. « La première se compose des hommes les mieux
notés au point de vue de la conduite, de l'assiduité
au travail et des antécédents.... La seconde se compose des transportés qui ne donnent pas toute satisfaction et qui ont encouru plus de six punitions l'année précédente... La troisième se compose des hommes
dont les antécédents sont mauvais et dont la conduite
donne lieu à des plaintes ; enfin, la quatrième se compose des transportés qui, pour une faute quelconque

---

1. Arrêté du Gouverneur général, 25 janvier 1865.

ont été condamnés par le Conseil de guerre spécial et ceux qui par la fréquence de leurs punitions se sont montrés incorrigibles. Il est toujours possible aux transportés, par la bonne ou la mauvaise conduite, de monter ou de descendre d'une classe[1]. » Les trois premières classes travaillent ensemble. La première touche 25 centimes, la seconde 15; la troisième ne reçoit aucun salaire. La quatrième est privée de la ration de vin : elle fut d'abord internée à Kanala, puis à l'île Nou. Heureuse idée que celle qui permettait ainsi d'établir des degrés dans l'exécution même de la peine et de conduire jusqu'au seuil de la libération, par des étapes successives, où le condamné trouve des adoucissements, des encouragements, et bientôt l'espoir d'une condition meilleure.

La nuit, les hommes étaient parqués dans des cases, sous la surveillance des gardiens; le jour, ils étaient employés à des travaux d'utilité publique ou de colonisation. Les travaux d'utilité publique, en Guyane comme en Nouvelle-Calédonie, étaient les premiers dont la nécessité s'imposait immédiatement. Si, comme on l'avait dit dans la discussion de la loi, les forçats devaient préparer les voies de la colonisation libre, c'était bien par eux qu'il importait de commencer avant de tenter des expériences agricoles. Cependant c'est par celles-ci qu'on débuta à la Guyane; il parut bon de mettre en culture des terres basses dont la fertilité devait être merveilleuse : des terres retournées s'échappèrent des miasmes paludéens dont l'influence est terrible. Les premières tentatives durent être vite interrompues devant une mortalité qui parfois atteignit 40 %. Puis, il fut question d'exploiter

---

1. D'HAUSSONVILLE, *Enquête parlementaire sur le régime des établissements pénitentiaires*, Paris, 1874.

les forêts, dont les bois de luxe et les bois de construction utiles aux industries d'art et aux chantiers du Gouvernement devaient donner des ressources précieuses. Mais, cette fois encore, surgirent des difficultés considérables. Outre que les chantiers trop éloignés les uns des autres laissaient la surveillance souvent inutile, les fièvres se propagèrent avec une telle rapidité qu'il fallut abandonner ces projets. Les transportés furent installés sur les pénitenciers flottant dans la rade de Cayenne, puis à Cayenne même, aux îles du Salut, et dans les établissements du Maroni et du Kourou[1].

Les travaux d'utilité publique furent repris : percement des rues, construction des pénitenciers. Aux îles du Salut, l'administration faisait fabriquer tout ce qui est nécessaire aux exigences de la transportation. Enfin, au Kourou et au Maroni, furent créés des établissements agricoles, un peu après les autres établissements, pour permettre de donner des concessions dans une région moins pernicieuse que les forêts malsaines de l'intérieur. Peu après, l'administration rêva d'y implanter la canne à sucre et fit construire à Saint-Jean une usine qui devait utiliser les produits des concessionnaires.

A la Nouvelle-Calédonie, c'est à l'île Nou, dans la rade de Nouméa, qu'étaient internés d'abord les transportés. Employés à des travaux d'utilité publique, ils commencèrent la construction du pénitencier de l'île Nou, qui est tout entier leur œuvre. Ils tentèrent aussi, plus tard, de donner à la ville de Nouméa un aspect plus engageant, soit en desséchant les marais qui empestaient le centre de la ville, soit en arrasant la butte Connau. Quelques-uns étaient cédés, aux

___

1. *Notice sur la transportation* pour l'année 1867.

termes de la loi, à différents services publics, ponts et chaussées, artillerie, marine. C'est à Kanala qu'on internait les incorrigibles. — Dans les environs de la baie de Prony étaient fondés, pour les premiers concessionnaires, des établissements agricoles.

Pour ceux-ci, il importait de ne procéder qu'avec de grands soins à leur installation. Il ne fallait donner à la culture que des hommes solides et capables de travaux agricoles, en ayant au moins les premières notions. Au surplus, il fallait qu'ils aient achevé leur temps d'expiation pour entrer dans celui du reclassement : c'est ce qui explique comment les premières concessions n'apparurent qu'assez tard. Le règlement d'administration publique qui devait déterminer dans quelles conditions elles seraient accordées et quel mode serait employé pour leur délivrance n'avait jamais paru. Ce sont donc des arrêtés du Gouverneur général qui devaient encore esquisser la première organisation de cette institution, d'abord appliquée seulement aux libérés. L'arrêté du Gouverneur de la Guyane[1] décide que le libéré doit construire une case selon les plans imposés par l'administration et, sous condition de déchéance, mettre son terrain en culture dans un délai de deux ans. Pendant ces deux premières années, le concessionnaire a droit aux vivres gratuits, aux outils, à l'habillement. A leur expiration, les concessionnaires doivent pouvoir vivre sur leur propre fond. Les concessions peuvent être retirées pour négligence, absence, paresse, contravention aux réglements. Cet arrêté d'un Gouverneur général donne l'exemple de la marche généralement suivie : elle n'avait rien de permanent et de fixe. Ces dispositions furent souvent modifiées, surtout en ce qui concerne

_____

1. Arrêté du Gouverneur général du 14 novembre 1865.

les vivres, dont la suppression était rarement appliquée au bout des deux ans réglementaires. Déjà, en
1873, M. d'Haussonville se défiait des libérés, « qui
ne se suffisant pas à eux-mêmes, finissent toujours
par retomber à la charge de l'administration. »

A la Nouvelle-Calédonie, des arrêtés à peu près
semblables réglaient la situation des concessionnaires.

Pour les individus qui se trouvaient insusceptibles
de participer à la colonisation agricole soit par suite
de leur manque de connaissances, soit par suite de la
faiblesse de leur constitution, ils pouvaient être mis
en assignements chez les particuliers : mais c'est là
une faveur qui appartient aussi aux transportés en
cours de peine, en raison de leur bonne conduite.
Cette assignation a été aussi réglée par des arrêtés
des Gouverneurs généraux[1] : il leur était difficile
d'organiser un système dont l'idée était à peine indi-
quée dans l'acte fondamental de la transportation.
Fallait-il leur donner un salaire, leur laisser un
pécule, dont la libre disposition serait un signe de
liberté ? « D'après le Code pénal, dit M. d'Haussonville, les condamnés à la peine des travaux forcés
n'ont pas le droit de recevoir un pécule. » Les Gouverneurs passèrent outre pour augmenter « l'intensité
du travail ». D'après les arrêtés pris dans les deux
colonies, l'engagiste est tenu de nourrir, habiller et
loger l'engagé, dont le contrat doit avoir une durée
de deux ans. Il lui est alloué un salaire de six francs
par mois.

Tels étaient « les efforts tentés par une administration tout à fait novice en matière d'administration

1. V. Arrêté Gouverneur général Guyane, 16 déc. 1859.

pénitentiaire et sur les épaules de laquelle on avait brusquement jeté ce fardeau écrasant pour préparer aux transportés des conditions à peu près satisfaisantes »[1].

Après les tergiversations des débuts, la diversité des mesures prétoriennes prises dans nos colonies pénales pour assurer d'une façon provisoire et embryonnaire l'organisation des services pénitentiaires, intervint le décret du 3 août 1878, promis par la loi de 1854. S'il apportait, après les errements suivis jusque-là, un texte définitif et désormais fixe, il ne faisait en somme que s'approprier les arrêtés des gouverneurs généraux et les fondre pour en composer une mesure générale. A peine s'il les modifiait sur quelques points ; il ne traitait en effet que de la « condition des transportés concessionnaires de terrains dans les colonies pénitentiaires ».

La concession, qui n'est d'abord que provisoire, peut être accordée aux transportés et libérés, à la condition de « jouir par eux-mêmes », de ne pas l'affermer ni l'hypothéquer (art. 2). C'est un droit d'usufruit inaliénable, révocable dans des cas déterminés — évasion, crime, inconduite, indiscipline — qui ne se transforme en pleine propriété qu'après cinq ans de possession, sans que le temps écoulé avant la libération puisse être compté pour plus de quatre années. C'était dire, en somme, qu'il fallait que le condamné donne des marques de travail et de régénérescence dans l'année qui suit sa libération. Encore fallait-il qu'il ne se dérobât point à l'obligation de résidence dans la colonie, cas dans lequel (art. 4) il ne pouvait prétendre à aucune indemnité. Cependant dans un

1. D'HAUSSONVILLE, *op. cit.*

but d'intérêt général colonial et pour permettre l'établissement et la constitution de la famille, il était dit qu'au cas de déchéance ou de mort du concessionnaire, « la femme et les enfants des condamnés... peuvent obtenir, s'ils résident dans la colonie, de continuer l'exploitation aux lieu et place de leur époux ou père et dans ce cas deviennent concessionnaires définitifs à l'expiration du délai restant à courir ». Le partage, dans ce cas, s'opérait, d'après la jurisprudence[1], entre la femme et les enfants selon le cas prévu par l'article 10. La concession devenue définitive pendant le mariage tombe en communauté (art. 6). — Si le concessionnaire meurt et ne laisse pas de descendants dans la colonie, « la veuve, si elle habitait avec son mari, succède à la moitié, en propriété, de la concession, si elle appartient en entier au mari, ou à la moitié de la partie dont il est propriétaire ». S'il y a des descendants résidant dans la colonie, le droit de la femme n'est que d'un tiers en usufruit (art. 10).

Le transporté en cours de peine peut faire les actes nécessaires à l'administration, à l'exploitation, à la jouissance de sa concession et ester en justice (art. 11). C'est une remise partielle de l'interdiction légale dont il est frappé par la loi, mais incomplète, car elle ne permet pas au concessionnaire de poursuivre le recouvrement des créances qu'il pourrait acquérir par l'exercice d'une industrie indépendante de l'exploitation de la concession. C'est là pour les concessionnaires urbains une source de difficultés[2]. Le concessionnaire peut aussi disposer des biens concédés, par actes entre vifs ou par testament en faveur de son conjoint habitant avec lui dans les

---

1. V. Cor, *Contribution à l'étude des questions coloniales*. Thèse, Paris, 1895.
2. Cor, *op. cit.*

limites autorisées par les articles 1094 et 1098 du Code civil (art. 11).

La femme n'a pas besoin de l'autorisation de son mari, ni de justice pour tous les actes relatifs à l'administration, à l'exploitation, à la jouissance de la concession, si le mari ne réside pas dans la colonie, mais elle ne peut ni aliéner, ni hypothéquer, sans l'autorisation du mari s'il réside dans la colonie et, s'il n'y réside pas, sans autorisation de justice (art. 12).

De même (art. 14), le mari d'une femme transportée jouit des avantages de la femme d'un époux transporté.

C'était régler la concession et donner un texte, mais non une réglementation absolue et organique. Il était donné des terres aux condamnés et libérés, mais il n'était pas dit comment il leur serait permis de les exploiter. Ce n'est qu'une décision ministérielle du 16 janvier 1882, qui mit fin à cette situation fausse[1]. A la remise d'une concession au transporté, il se formait entre lui et l'administration un contrat qui engendrait pour le premier des droits et des devoirs.

Le futur concessionnaire recevait, outre le terrain défriché, une ration de vivres pour trente mois et l'habillement pendant le même temps; des instruments agricoles, sabres d'abatis, pelles, pioches, scies, etc.; Dans le cas où il était marié, on donnait la même ration pour trente mois à sa femme, des objets de literie et un trousseau, enfin une somme de 150 francs. Il avait droit, ainsi que sa famille, à être hospitalisé gratuitement pendant ces trente premiers mois.

Mais, en échange, il devait construire, dans les vingt premiers mois, une case d'après un plan déter-

1. On a cru devoir placer ici cette décision qui complète et termine le décret de 1878.

miné par l'administration, mettre en état de culture une certaine partie du fonds dans les quinze premiers mois et le reste dans les trente autres, fournir à l'État douze journées par an de travail.

Pour assurer l'exécution de ces devoirs, l'administration avait une inscription hypothécaire qui garantissait le paiement des frais de justice.

Le décret du 3 septembre 1880, concernant le régime disciplinaire des établissements de travaux forcés, intervint à peu près dans les mêmes conditions que le décret de 1878. Celui-ci avait donné à l'institution des concessions un texte qu'on pouvait croire définitif. Celui-là aussi veut rompre avec les traditions prétoriennes des directeurs des administrations pénitentiaires qui pouvaient s'arroger, par suite du manque de réglementation, des pouvoirs trop absolus. On veut écarter tout arbitraire de la part de l'administration. Il se produisit, comme conséquence de cette mesure, ce phénomène intéressant d'un texte qui, pour augmenter l'effet d'intimidation d'une peine, réglemente cette peine en ôtant toute initiative à ceux qui sont chargés de l'appliquer, et ne parvient qu'à l'énerver. C'est que désormais les forçats n'ignorent plus à quelle légère discipline ils seront soumis dans les colonies pénales.

Il est permis de se demander pourquoi dans une étude sur la colonisation pénale on s'arrête à des questions de discipline : c'est qu'elle oblige le condamné à donner une somme suffisante de travail.

On a pu dire qu'autrefois les individus travaillaient par contrainte, aujourd'hui par intérêt et que demain peut-être, ils travailleront par devoir. Cependant, il ne faut pas omettre qu'aujourd'hui encore il y a des travaux forcés ; la contrainte est alors intimement liée au travail et, comme il est obtenu par des réglements intérieurs, leur étude paraît s'imposer.

Le nouveau Décret se distinguait surtout par la suppression des châtiments corporels (art. 11) et la division des condamnés en cinq classes. C'était encore formuler en un texte les mesures précédemment prises. — Les classes sont déterminées « d'après la situation pénale, l'état moral, la conduite, et l'assiduité au travail des condamnés ». La première renferme les hommes les mieux notés. Susceptibles de faveurs nombreuses, ils peuvent obtenir (art. 2) une concession de terrain conformément au décret du 31 août 1878 — ou bien être mis en assignement chez les habitants de la colonie, sur la proposition de l'administration pénitentiaire, ou encore « être employés aux travaux des divers services publics comme chefs d'atelier ou de chantier » : alors, ils reçoivent le maximum possible des salaires.

Les condamnés de la deuxième classe (art. 3) sont employés aux travaux agricoles du service pénitentiaire ou aux travaux publics pour le compte de l'État ou de la colonie. Ils touchent un salaire moins élevé que celui de la classe précédente.

Les condamnés de la troisième classe (art. 4) sont employés aux travaux publics pour le compte de l'État ou de la colonie. Ils ne reçoivent de salaire qu'à titre de récompense exceptionnelle, sur la proposition du chef de service sous la direction desquels sont exécutés les travaux qui la motivent.

Les condamnés de la quatrième classe (art. 5) sont employés aux travaux publics les plus pénibles. Ils ne touchent aucun salaire. Si leur conduite et leur travail sont satisfaisants, ils peuvent obtenir, deux fois par semaine une ration de vin ou de tafia. Astreints au silence, ils sont isolés de nuit.

Tous les condamnés de ces quatre classes peuvent par mesure exceptionnelle recevoir des gratifications de tafia, de tabac ou de vin (art. 6).

Quant aux condamnés de la cinquième classe, ils sont traités (art. 7) comme ceux de la quatrième, seulement, ne reçoivent en aucun cas, de gratifications. Cette classe d'ailleurs, à proprement parler, ne forme pas le dernier échelon de la peine : elle est réservée, à leur arrivée, aux récidivistes, tandis que les condamnés « primaires » entrent de droit dans la quatrième classe (art. 8).

Au reste, le passage d'une classe à une autre ne peut s'effectuer qu'après un séjour de six mois dans la classe précédente (art. 9).

Le Décret voulait, par ces mesures, encourager le travail et la bonne conduite des condamnés et les amener à la régénération, et, par suite, à la libération.

Quant aux peines nouvelles dont l'énumération est contenue dans les art. 12, 13, 14, 15, 16, 17, 18, 19, 25, elles ne s'occupaient que du respect à apporter aux réglements intérieurs qui gardaient toujours la forme militaire[1].

Les peines ne différaient de celles qui sont en usage dans la marine que par le port de la chaîne simple ou double. La paresse et la négligence au travail n'étaient punis (art. 12) que du « retranchement de vin ou de tafia » — ou, pour les condamnés de la cinquième classe, de la prison de nuit[2]. Enfin (art. 24) le Directeur de l'administration pénitentiaire peut prononcer, d'office ou à la demande de l'habitant ou du condamné, la réintégration du condamné de la première classe employé chez l'habitant.

1. *Rapport* du vice-amiral Bourgeois au Conseil d'État.
2. Les autres punitions disciplinaires sont : la prison de nuit, la boucle simple ou double, la cellule, la mise au peloton de correction, le peloton de correction avec la chaîne simple.

CHAPITRE III

Critique de la loi de 1854.

On a vu, dans les chapitres précédents, ce qu'était
la législation de 1854, son histoire, son but, et dans
quel sens l'application en avait été dirigée. Elle ne
fut ni brillante, ni décisive. Avec les convois de condamnés, nos colonies pénales ne virent ni se mani-
fester la civilisation, ni se produire le développement
économique. A peine furent exécutés quelques travaux d'utilité publique — routes, défrichements, —
bâtis quelques pénitenciers, établis quelques centres
agricoles. Pourtant, on a pu proclamer que la loi de
1854 était un chef-d'œuvre[1]. Comment expliquer alors
cette antinomie entre la loi elle-même et son application, comment concevoir qu'un principe sain ait produit des conséquences néfastes? — C'est que les idées
qui président à ce principe se sont trouvées défor-
mées, déviées et dispersées comme par un prisme, à
leur passage dans les réglements administratifs. La loi
du 30 mai 1854 avait poursuivi un but élevé : organiser la répression et en même temps le reclassement
des condamnés par un travail colonial utile. Elle

---

1. LÉVEILLÉ, *Cours de législation coloniale* professé à la Faculté
de droit de Paris.

avait paru l'atteindre, en théorie au moins, et concilier le système objectif de la vieille théorie pénitentiaire classique qui faisait de la peine une dette à
la collectivité avec la théorie subjective plus moderne du châtiment moral. Mais elle ne pouvait prévoir, dans les hauteurs de cette philosophie où elle
se cantonnait, que la réglementation est du domaine
des contingences et, qu'en face des événements, il
est souvent difficile de s'en tenir aux principes. Les
administrations locales organisèrent donc la transportation, sur des terres nouvelles où tout était à faire,
d'abord comme elles le purent — puis, par la suite,
comme elles le voulurent. Il en résulte que dans la
législation de 1854 se rencontrent des erreurs nombreuses qui tiennent quelquefois à la loi elle-même et
plus souvent à son application.

La loi de 1854 voulait faire d'une de nos colonies,
non encore désignée, une sorte d'Australie nouvelle.
Il ne s'agissait pas, lors de sa promulgation, de diriger
les efforts vers un but immédiat et certain ; il s'agissait seulement de s'assurer pour l'avenir une ou
plusieurs colonies pénales susceptibles d'être emportées
par le même élan que la Nouvelle-Galles du Sud, une
vingtaine d'années plus tôt, par la colonisation des
convicts. C'est bien ce qui semble ressortir, on l'a vu,
de l'exposé des motifs et de la discussion de la loi.
Mais ce but, cherché de si haut et de si loin, pouvait-il
se rencontrer ?

Il est impossible de faire de la politique coloniale
selon ses désirs ; c'est avec ses colonies qu'il faut
compter seulement. Aussi, quand, après la promulgation de la loi, des décrets décidèrent que la transportation serait effectuée à la Guyane et à la Nouvelle-
Calédonie, il fallut se résoudre à faire de ces deux
territoires exigus de petites Australies, et à leur im-

poser la colonisation pénale selon les principes de la loi du 30 mai 1854. Là est l'erreur primordiale : il n'y a pas un type invariable de colonisation ; il n'y a que des colonies. Leur classification a été aussi souvent établie que souvent variée. Il y a des colonies de peuplement, des colonies de commerce, des colonies agricoles, des colonies de plantations : ces formules ne sont pas immuables. Aussi bien la colonie pénale-type n'existe pas. Toutes les colonies ne sont pas et ne peuvent pas être des Australies. Notre domaine colonial ne contient aucune possession qui ressemble même de bien loin à la grande colonie anglaise, dont l'étendue atteint celle d'un continent et où les productions s'offrent innombrables. Barbé-Marbois, « déporté non jugé » disait déjà : « Aucun peuple n'est assez riche, ni assez puissant à la mer pour imiter ce que les Anglais ont fait en Nouvelle-Hollande[1] »Le législateur, au lieu d'accommoder la transportation à l'état de choses existant, a voulu imposer une institution d'une seule pièce, sans souci des besoins personnels des colonies. Cette théorie du bloc est inadmissible : vérité en Australie, erreur au-delà. Il aurait beaucoup mieux valu, plutôt que de songer à assurer le peuplement d'une colonie selon la formule faussement attribuée à l'Angleterre[2], assurer l'avenir de la colonisation libre, comme le voulait lors de la discussion de la loi, M. Lélut, et établir « l'ensemble des travaux indispensables d'assainissement, de défrichement, d'arpentage sans l'aide desquels les émigrants sont

1. Cité par Ch. Lemire, *La Colonisation française en Nouvelle-Calédonie et dépendances.* Paris, Challamel, s. d.

2. Mirabeau disait déjà : « Ce sont les enfants de misérables expatriés qui oubliant les vices et les préjugés de leurs parents produiront une génération de bons citoyens, et c'est assez pour dédommager l'État. »

livrés à la presque certitude de périr de misère et de faim[1] ».

La loi, d'ailleurs, avait oublié d'assurer l'envoi de femmes, première condition du peuplement dans les colonies. Leur transfert est facultatif, on l'a vu. Pendant qu'en Angleterre, l'administration pouvait les exempter, par mesure gracieuse, du terrible voyage d'outre-mer, la législation française proclame cette faculté de droit « *propter fragilitatem sexûs* » dans son article 4. Il en résulte un obstacle que peut seule surmonter la bonne volonté, assez rare, des intéressées : et la famille se constitue difficilement dans les colonies pénales, où elle devrait offrir les chances les plus sérieuses d'établissement et de reclassement ; à sa place, l'ivrognerie, la débauche et la prostitution sont les agents actifs d'une œuvre démoralisatrice.

D'autre part, l'institution du *doublage* mérite des critiques nombreuses. Outre celles qui s'adressent à cette institution au point de vue juridique[2], il est certain qu'il reste pour les condamnés à moins de huit ans un espoir de retour en France qui anéantit le peu d'intérêt qu'un condamné peut donner à son établissement dans la colonie. Il n'y avait pas, cependant, en Australie, de ces demi-mesures qui laissent l'esprit attaché à des soucis de rapatriement dont la colonie peut avoir à souffrir[3].

Mais c'est surtout dans l'application de cette loi de 1854, que se rencontrent le plus d'erreurs et le plus de fautes. Sans doute, la loi partait d'un principe

1. LEROY-BEAULIEU, *op. cit.*
2. V. dans COR, *op. cit.*, contre le doublage, le réquisitoire prononcé par M. Da Foresta, procureur général d'Ancône, au Congrès des prisons, à Londres, 1873.
3. Il est vrai qu'on n'admit pas que la grâce dispensât de l'obligation de résidence.

faux : il aurait pu quand même être possible d'essayer d'en faire l'organisation, de l'adopter aux colonies destinées à recevoir des forçats et de leur faire produire un travail suffisant pour satisfaire aux intérêts de l'État et de l'expiation. Il n'en fut rien.

Pour obliger le condamné au travail, l'y *forcer,* il aurait fallu de puissants moyens de contrainte; le premier, et le plus naturel, était de lui donner la subsistance en échange seulement du labeur demandé par le châtiment. Puisque la peine édictait un travail forcé, il fallait l'appliquer à tout prix et éviter outre la paresse et l'inaction qui n'amènent que la démoralisation, l'entretien, à frais excessifs, de non-valeurs. L'administration n'y songea pas. Le transporté était assuré, avant d'avoir payé sa dette, de trouver dans les gamelles de la « Pénitentiaire » un ordinaire qui en somme valait celui des marins[1]. N'y avait-il pas une sentimentalité de mauvais goût à accorder à des criminels le traitement auquel sont soumis les plus dévoués et les plus fidèles de nos soldats? Elle avait surtout apparu dans la traversée où la différence de nourriture était telle qu'elle avait provoqué une dépêche ministérielle[2], où il était dit que ce supplément d'ordinaire n'était dû qu'à l'état de débilité des détenus, affaiblis, par leur séjour en prison ou plutôt par leur mauvaise hygiène antérieure[3].

---

1. LEVEILLÉ, *op. cit.*
2. Dépêche ministérielle, 28 août 1882.
3. Ration des forçats, en moyenne :

Pain	0.750 gr.	Conserve de bœuf.	0.200 gr.
Vin, tous les 2 jours	0.26 cl.	Riz	0.080
Tafia	0.06	Vinaigre	0.025 cl.
Viande fraîche, 3 f. par semaine.	0.250 gr.	Café	0.020 gr.
Lard salé	0.200	Sucre	0.025
Ou bacaliau	0.250	Tabac	0.010

Notice officielle du Ministère de la Marine.

Même oubli de l'administration à constater pour le salaire. Il est accordé de droit aux deux premières classes de condamnés, et exceptionnellement, à la troisième. Cette allocation de 25 centimes ou de 15 centimes se partage entre le pécule disponible et le pécule de sortie. Le premier est à la disposition du condamné, qui peut en user pour s'accorder les quelques faveurs autorisées à ce titre. Mais qu'attendre d'une peine qui assure la nourriture, et un salaire certain aux coupables ? Et quelle idée peuvent se faire de la justice ceux qui sont envoyés dans l'établissement qu'un journal a pu appeler l' « Eden de Nouméa[1] ? »

Le condamné, recevant, à coup sûr, la nourriture et un salaire, si maigre qu'il fût, devait être, à plus forte raison, contraint au travail par une discipline sévère et inexorable. Rien de cela. La discipline intérieure ne présente qu'une application de la discipline militaire ; c'est l'époque de la « militarisation des condamnés ». Le même reproche que précédemment lui est applicable. Cette discipline, bonne pour des soldats, est insuffisante pour des criminels. Encore, au début, les châtiments corporels étaient tolérés pour des fautes légères. Les coups de lanière, dernière survivance des bagnes, avaient au moins cet heureux résultat d'atteindre les condamnés dans leur très vive vanité[2]. Avec la suppression de ces mœurs, aussi anciennes que le crime lui-même, devenues tout à coup odieuses à la philosophie morale de l'administration (D. de 1880), les surveillants se trouvent sans défense contre la négligence, la paresse, l'insubordination de leurs pensionnaires. Il fallut bien s'en apercevoir quand augmenta le nombre des délits et

1. *L'Autorité.*
2. V. P. MIMANDE, *Criminopolis.* Calmann Lévy, 1897.

des crimes commis par les transportés sur le territoire des colonies pénales. Mais, contre eux, l'administration n'était pas mieux armée que contre la
mauvaise volonté des travailleurs forcés. Si le coupable méritait la peine des travaux forcés, les tribunaux devaient nécessairement ajouter cette peine au
nombre déjà fort imposant des années à subir par le
transporté quand il n'était pas déjà condamné à perpétuité. « L'administration est... désarmée. Si les tribunaux militaires, dont les transportés sont justiciables, disposaient de moyens plus efficaces, ce ne
serait que demi-mal. Mais, cette fois encore, la loi
n'a pas atteint son but, faute d'avoir été confectionnée
par un législateur connaissant les criminels. A
6 000 lieues du bagne, on s'est imaginé que la peine
des travaux forcés intimiderait des forçats récalcitrants, et l'on a mis de braves et honnêtes officiers
dans l'obligation de faire cette chose, qui serait parfaitement comique si elle n'était atrocement doulou-
reuse, d'infliger quarante ans de travaux forcés à qui
est déjà condamné à perpétuité[1]. » Et, de fait, on a
pu voir des transportés condamnés à deux cent trente-
quatre ans de bagne[2] !

1. *Nouvelle Revue*, 1er avril 1884. *Le Bagne d'aujourd'hui*, par
H. DENYS, ancien sous-directeur de l'administration pénitentiaire
à la Nouvelle-Calédonie.

2. Voici un des exemples cités dans le même article :
« Jugeau (Victor), n° 13 332, condamné aux travaux forcés à
perpétuité, et Pierrard (François), n° 8 322, prévenus de vols qualifiés et d'évasion, ont été condamnés : Jugeau, à cinq ans de
double chaîne ; Pierrard, à quatre ans de travaux forcés et à
vingt ans de surveillance. Condamnations antérieures. Jujeau,
condamné une première fois à six ans de travaux forcés pour
coups et blessures ayant occasionné la mort, a obtenu une remise
de un an sur sa peine ; a été libéré le 20 janvier 1881 ; le 2 décembre de la même année, il asssassinait à la Dumbéa un libéré
de la deuxième section... pour lui voler une somme de 130 francs.
Condamné, pour ce crime, à la peine de mort, il eut cette peine
commuée par le Président de la République en celle des travaux

D'autre part, si le coupable mérite la peine de la réclusion, cette peine, étant inférieure à celle des travaux forcés, ne sera pas immédiatement subie, mais seulement à la sortie des établissements pénitentiaires. Mais, alors, elle se trouve, ici encore, inutile : si bien qu'un gouverneur, M. l'amiral Cloué, put, vers 1884, demander, en vain d'ailleurs, à M. Rouvier la construction d'une maison centrale en Nouvelle-Calédonie, ce qui semble d'une ironie assez amère [1].

Enfin, dans le cas où la peine de mort peut être appliquée, l'effet d'intimidation est encore rarement atteint. Le droit de décider des exécutions capitales avait été attribué, par une décision ministérielle du 1er avril 1880, au Chef de l'État, et l'on n'ignore pas combien fut appliqué le droit de grâce pendant la présidence de M. Grévy. « La peine capitale n'est plus un frein, parce qu'on sait bien, dans les pénitenciers, qu'on ne l'exécute pas. La société n'est pas assez féroce pour laisser un criminel six ou huit mois, le temps que met à aller et revenir son pourvoi er grâce, avec la perspective d'avoir le cou coupé. Du moment qu'en matière de condamnations encourues par les forçats, la loi ne transfère pas au Gouverneur d'une colonie pénitentiaire le droit de faire grâce ou d'ordonner l'exécution d'un arrêt portant application de la peine capitale, la peine capitale n'est plus qu'une plaisanterie de mauvais goût [2]. »

forcés à perpétuité. Pierrard, quatre condamnations à l'emprisonnement, variant de six mois à un an, pour délits autres que le vol. Condamné, à Versailles, à dix ans de travaux forcés pour viol ; également condamné dans la colonie, par trois fois, à vingt-sept ans de travaux forcés pour évasion et vol. »

1. MONCELON, *Le Bagne et la Colonisation pénale à la Nouvelle-Calédonie*, par un témoin oculaire. Paris, Bayle, 1886.

2. *Nouvelle Revue, op. cit.*

De plus, et d'une façon générale, la peine allait trop vite. Le condamné pouvait passer d'une classe à une autre en six mois, si bien qu'au bout de deux ans, il pouvait être placé dans la première classe et être mis en assignement chez un colon. On pense quelles garanties de reclassement et de régénération il pouvait apporter après deux ans de séjour au bagne!

Ainsi pendant les premières années de la transportation, il fut exécuté peu de travaux publics. La seule utilité présentée par la main-d'œuvre pénale réside dans la construction des établissements nécessaires à la transportation, des cases pour les forçats, des maisons pour les agents de l'administration, des ateliers. « Les rues de Nouméa sont des cloaques, la ville n'a pas d'égouts, la caserne d'infanterie jette ses déchets sur la voie publique, il n'existe ni docks, ni bassins, ni chantiers, ni ateliers de construction, ni de réparation[1]. » Les routes sont à peine tracées. Le condamné est mis en concession au bout de deux ans[2], si pendant la durée de son internement, il n'a pas trop enfreint de faciles règlements : le mérite du concessionnaire a peu de rapports avec cette rapide confiance qui lui est accordée, en même temps qu'une semi-liberté, dont il se montre assez peu reconnaissant. « L'homme attache plus d'importance au bien dont l'acquisition lui a été onéreuse qu'à celui qu'il doit à une libéralité[3] ». Qu'on ne l'oublie pas, l'administration est généreuse : la concession est remise gratuitement. C'est un don, précaire il est vrai, mais un don fait à un repris de justice dont le seul titre est sa condamnation aux travaux forcés. Bien plus, l'administration qui prend soin des

1. MONCELON, *op. cit.*
2. Parfois moins, mais à titre exceptionnel.
3. COR, *op. cit.*

premiers efforts du malheureux concessionnaire, le défraye pendant les trente premiers mois de son installation, et tient à lui ôter le souci de tout ce qui pourrait rendre sa tâche plus ingrate et plus rebutante. Elle lui confie des outils, lui donne des vêtements et des vivres. Or, le concessionnaire qui sort du bagne avec une soif inextinguible de liberté, s'enivre de celle que lui laisse l'administration sur son lot. Au lieu de mettre en culture, de retourner, de piocher la terre, il vit, tant bien que mal, avec les ressources que lui a accordées la Pénitentiaire, en oubliant les jours malheureux, mais sans prévoir des jours pires. A l'expiration des trente mois, l'administration cherche les traces de sa bonne volonté, de son travail, des soins qu'il a donnés à sa concession. Et comme le plus souvent il n'y en a pas, notre colon est réintégré au pénitencier et reprend la vie misérable du forçat en cours de peine. — Il en résulte une situation mauvaise. D'une part, l'État, qui a fait des frais considérables pour le premier établissement des centres agricoles où sont réparties les concessions, y subit une perte sèche. Car en trente mois, une culture à peine préparée retourne vite à l'état sauvage. D'autre part, ce système est déplorable au point de vue du reclassement, car il place au même rang l'homme dans lequel il est absolument permis d'avoir confiance et celui qui n'a donné que des marques équivoques de régénération. Même pour celui qui mérite le plus cette confiance, sa bonne volonté se brise contre bien des écueils dont le moindre n'est pas la difficulté de commencer une exploitation sans capital. Ce manque de ressources donne naissance à des industries louches, entre autres l'usure, à laquelle se livrent quelques libérés qui ont mérité le nom de « parasites du bagne[1] ». L'usure se montre sous des formes diverses : elle aboutit toujours à la signature d'un billet qui reste impayé à l'échéance fatale. A sa libération, le colon devenu désormais maître de sa terre, doit la vendre pour payer son créancier hargneux — et c'en est fait de ses efforts et de son courage, si grands qu'ils aient été. Au surplus, il y a pour le colon libre mais malheureux, une amertume à constater que le forçat concessionnaire, sorti avec bonheur de tous les périls qui l'entouraient, doit son bien-être et l'origine de sa modeste fortune aux faveurs de l'administration. Si bien qu'un propriétaire de la Nouvelle-Calédonie a pu dire : « S'il ne vient pas de colons à la Nouvelle-Calédonie, cela tient à l'infériorité blessante dans laquelle le colon libre est vis-à-vis du concessionnaire. Celui-ci obtient une terre de première qualité, souvent défrichée ». Et parfois des colons libres se sont trouvé dans la dure nécessité d'aller travailler chez des transportés concessionnaires[2].

Quant à l'assignement, dans lequel réside l'imitation la plus flagrante de la colonisation pénale anglaise, il paraît avoir été dès le début, assez mal réglementé. L'administration ne détermina jamais complètement la sphère d'application de l'article 11. Les abus naquirent assez vite. Comme pour les concessions, les condamnés furent trop vite placés en assignement et sans contrôle sérieux. Selon les colons qui les employaient, leur situation variait avec des différences énormes. De plus, l'institution des « garçons de famille » qui fut dénoncée plus tard avec énergie, était en désaccord complet avec l'esprit de la loi. Ces garçons de famille étaient des transportés domestiques,

1. V. Paul MIMANDE, *op. cit*
2. *Bulletin de la Société des Prisons, 1890. La transportation et la relégation au Congrès colonial national. Travaux des sections.*

employés en nombre illimité par les agents de la transportation. Ils occupaient les fonctions de jardiniers, de valets de chambre, de maîtres-d'hôtel, de cochers, de cuisiniers, parfois de précepteurs. C'était leur faire une situation vraiment trop douce et interpréter *lato sensu* le silence de la loi. Ce n'est qu'au bout de quelques années que la domesticité du personnel fut réduite par des décisions ministérielles à de plus justes limites[1].

D'ailleurs, une conception nouvelle de l'assignation aurait suffi à empêcher la continuation de semblables mesures, surtout en Nouvelle-Calédonie.

Au début, l'administration veut faire de la culture en régie. Elle « avait essayé de faire dans cette ferme (de Bourail) de la canne à sucre et des cultures diverses. dit M. de Lanessan dans une interpellation restée célèbre[2], elle ne réussissait pas, et d'un autre côté, ne possédait pas les fonds nécessaires à l'acquisition d'une usine pour la fabrication de ses produits. Un industriel, M. Higginson, vint proposer de fournir l'usine et de la faire fonctionner à ses frais, à condition que l'administration l'alimenterait avec les produits des cultures faites par les condamnés. Au bout de quelques années, il fut évident que l'administration ne pourrait pas tenir ses engagements : elle devait à partir de 1874 fabriquer plus de 1 500 tonnes de sucre par an ; or, en 1874, elle fabriquait 16 tonnes, et en 1880, n'en fabriquait plus que trois. » — L'industriel devant cette non-exécution du contrat demanda une indemnité. « L'administration,

1. V. dans les *Notices officielles,* la dépêche du 4 juillet 1879 et la décision du 9 mai 1881.

2. Interpellation du 29 juin 1889 à la Chambre des Députés. V. aussi l'interpellation Périn.

incapable de donner cette indemnité en argent, dit encore M. de Lanessan, parce qu'il aurait fallu venir devant le Parlement exposer tous ces faits…, la donna en transportés : elle céda à l'industriel pour une durée de vingt ans 300 transportés qu'il devait employer dans ses usines. » C'est le premier contrat de main-d'œuvre qui ait été passé.

Dès 1887, la régie était complètement abandonnée [1]. L'entreprise est admise, et, avec elle, les contrats de main-d'œuvre de longue durée. Ils sont passés à l'amiable, sans adjudication. — Le contrat passé avec M. Higginson fut rétrocédé au bout de peu de temps par celui-ci à M. Morgan, un Anglais. « En 1881, un nouveau contrat intervint, probablement sous l'empire d'une autre préoccupation. A cette époque, en effet, l'administration pénitentiaire céda à la Société franco-australienne de 20 à 500 condamnés pour dix ans, à la condition que la Société lui paierait une certaine redevance. En 1883,… l'administration s'abstient, pendant quelques années, de pratiques de cet ordre. Elle se borna simplement à l'exécution des contrats passés en 1878 et en 1881. C'est seulement en 1887 que ces opérations reprennent

---

1. « Un particulier avait acheté à diverses personnes, en Nouvelle-Calédonie, une propriété pour la somme de 220 000 francs environ. Cette propriété avait été vendue d'abord par la colonie environ 120 000 francs. On y avait fait quelques améliorations, créé une usine qui était, du reste, en fort mauvais état, et essayé la culture de la canne à sucre… Ce particulier, M. Cardozo, se trouvait en possession d'une propriété de 7 273 hectares, de laquelle il ne pouvait faire grand'chose. Il se présente alors à l'administration pénitentiaire, c'est-à-dire à l'État, et lui propose de lui vendre sa propriété. L'administration pénitentiaire accepte la proposition, et un contrat est passé par lequel l'État achète à M. Cardozo la propriété dite de la Ouaménie moyennant 865 600 francs pour le sol et environ 100 000 francs pour les machines, qu'elle s'engage à payer par 66 660 journées de travail par an, pendant douze ans. »

et, dans la même année, je trouve les contrats suivants : M. Higginson, déjà détenteur des 300 condamnés dont j'ai parlé tout à l'heure, en obtient de nouveau de 100 à 300 pour dix ans ; M. Adhémar en obtient de 300 à 500 pour quatre ans ; la Société du Nickel de 100 à 200 pour dix ans ; M. Cardozo reçoit 66 600 journées de condamnés et est autorisé par son contrat à les rétrocéder à la Société du Nickel ; et, enfin, M. Higginson, déjà nommé deux fois, obtient 200 000 journées de condamnés par an pendant 12 ans, soit 2 400 000 journées de condamnés. »

Les faits parlent d'eux-mêmes. N'y a-t-il pas, dans ces contrats, quelque chose de monstrueux et de révoltant ? L'article 11 de la loi de 1854 autorisait bien la mise en assignation des condamnés qui l'auraient mérité par « leur bonne conduite, leur travail et leur repentir ». C'était dire qu'il fallait que la période d'expiation fût terminée et le condamné entré dans celle du reclassement. Au lieu d'attendre cette époque, l'administration livre, aussitôt après leur arrivée, les transportés à des industriels ! Les contrats de main-d'œuvre sont donc juridiquement en contradiction formelle avec la loi de 1854.

De plus, comment les concilier avec le rôle de l'État et de l'administration ? Celle-ci a pour mission d'organiser le châtiment et de le surveiller. Au lieu de se donner tout entière à cette surveillance, elle abandonne les détenus[1] au premier employeur venu,

---

1. « Ce ne sont pas des ouvriers que l'administration met à la disposition des particuliers, en se réservant le droit de les reprendre ; ce sont des hommes qu'elle livre complètement pour une période de dix, douze, vingt ans, avec le droit d'en faire à peu près ce que l'on voudra. » Et, plus loin, « les transportés jouent véritablement le rôle non pas seulement d'esclaves, mais de monnaie fiduciaire ; ils servent à payer une propriété et peuvent, si besoin est, passer dans les mains d'une tierce personne ». DE LANESSAN, *op. cit.*

chez qui le contrôle est aussi difficile qu'inutile. C'est une « véritable abdication[1] » de la part de l'État. Et, alors, avec le maître, varie la façon dont l'assignation est entendue. Il doit évidemment apparaître des différences sensibles de traitement entre les assignés employés dans des fabriques de conserves et les assignés employés dans les mines de la Compagnie du Nickel[2].

Enfin, au point de vue financier, l'effet de ces contrats est désastreux. Les transportés coûtent en moyenne une somme de 2 francs par jour. L'administration les cède à raison de 1 franc. C'est la Métropole et les contribuables qui doivent payer la différence.

D'ailleurs, ces contrats avaient soulevé, même en Nouvelle-Calédonie, une émotion légitime. Le Conseil général réclama, au nom des services publics de la colonie et des petits colons, dont les intérêts sont lésés au profit de gros industriels. En compensation, l'administration remit gratuitement à la colonie un contingent de 1200 hommes pour l'exécution de travaux d'utilité locale. « C'était un cadeau de 8 à 900 000 fr.[3]. »

C'était là, on le voit, une question intimement liée à celle du Budget des colonies pénales. L'État qui subit les frais de la transportation sur le Budget national devrait au moins profiter des faibles résultats pécuniaires apportés par les forçats. Les colonies ne l'ont pourtant jamais entendu ainsi : il paraît leur sembler que la métropole doit subvenir à tous leurs besoins sans que jamais elles aient à participer à ces lourdes charges. L'histoire politique de la Nouvelle-

---

1. *Bull. Société des Prisons*, 1890, *Congrès colonial de Paris.*
2. LEVEILLÉ, *op. cit.*
3. LEVEILLÉ, *op. cit.*

Calédonie pourrait peut-être se résumer dans cette lutte financière, où la légalité, d'un côté au moins, n'est guère respectée. Elle fut cependant souvent rappelée : « La transportation a des ressources budgétaires pour entretenir son personnel, écrivait l'amiral Jauréguiberry en 1879[1]; quand ce personnel travaille pour elle, elle supporte justement les charges d'un travail dont elle a le profit. Mais lorsqu'elle entretient ce personnel et que ce personnel travaille pour un service public, la situation change. Aux termes de l'Ordonnance du 31 mai 1862, aucun service public ne peut accroître ses ressources budgétaires par des moyens détournés. Or, c'est accroître les ressources budgétaires d'un service que de lui donner gratuitement une main-d'œuvre dont le prix a dû être prévu dans la fixation du budget. » C'était nettement poser la question. L'intérêt des colonies ne peut suffire à justifier l'abandon gratuit par l'État, à leur profit, d'une main-d'œuvre qui représente une valeur productive. Tout au plus, pour compenser les inconvénients résultant du séjour des transportés, il se pourrait qu'on admît une sorte de rabais dans le prix de la main-d'œuvre pénale mise à la disposition des services locaux[2]. Et M. Leveillé peut s'écrier énergiquement : « Ces libéralités constituent à mes yeux un virement qui n'est pas même opéré dans l'intérieur d'un budget... mais un virement autrement blâmable et autrement illicite, puisqu'il est opéré du budget national au budget local d'une colonie[3]. »

Cependant, l'État aurait désiré accorder aux petits

1. Dépêche ministérielle du 17 juin 1879.
2. *Bulletin de la Société des Prisons*, 1890; *Congrès colonial de Paris.*
3. Dans la *France coloniale,* de A. RAMBAUD. Paris, Colin, 1893.

colons quelques compensations. De l'immense domaine foncier qu'il possède en Nouvelle-Calédonie, et qu'il peut vendre ou louer, c'étaient encore les administrations locales qui percevaient les redevances. En dehors des réserves indigènes, qu'il ne sera possible de reprendre qu'avec l'extinction des Canaques, n'aurait-on pas pu livrer une partie de ces territoires à la colonisation libre ? elle méritait bien quelques encouragements. Mais, pour arriver à un tel résultat, il aurait fallu demander à l'administration pénitentiaire d'abandonner une partie minime de sa quasi-souveraineté. Au contraire, « il est nécessaire, estimait M. le gouverneur Pallu de la Barrière, de constituer un domaine pénitentiaire de cent mille hectares, et encore sous cette réserve, que l'envoi des transportés en Nouvelle-Calédonie devra cesser en 1888. Comme il n'est pas possible pour le moment de faire choix d'un pays nouveau approprié à l'œuvre de la transportation[1], il a paru nécessaire de mettre à la disposition de l'administration un territoire suffisant. Ces projets devaient aboutir au fâcheux décret du 16 août 1884, aux termes duquel étaient remis à l'administration pénitentiaire 110 000 hectares ainsi répartis :

Terres attribuées à la colonisation pénale par la délimitation de 1882............... 31.000 hect.
Terres reconnues disponibles par la commission de délimitation de 1883 en vue d'un partage entre l'adminis-

A reporter... 31.000 hect.

---

1. C'est une idée qui domine la législation de 1854 : approprier une colonie à la transportation et jamais approprier la transportation à une colonie.

Report.......... 31.000 hect.

tration locale et l'administration pénitentiaire....................... 47.500

Terres non comprises dans la délimitation de 1883 et dont une partie est
déjà occupée par l'administration
pénitentiaire...................... 21.500

110.000 h.[1]

Ainsi, les terres les plus riches et les plus fertiles étaient laissées à l'administration pénitentiaire : il ne restait à la colonisation libre qu'une étroite bande de terre, au milieu de l'île, où, d'après les géographes, il n'y a guère de place que pour des pâturages[2]. Mais, vers les bords de la mer, là où le sol offre plus de ressources, où les communications sont plus faciles, l'administration s'établit sur de larges territoires destinés à ses concessionnaires. Était-ce un moyen d'arrêter les hésitations des colons libres ? — C'était pourtant bien la tradition anglaise que reprenait l'administration, en voulant rester maîtresse d'un territoire énorme et organiser seule et sans contrôle la transportation[3]. Mais elle oubliait que les colons libres méritent, eux aussi, quelque créance ; et qu'admis au début de l'occupation de la Nouvelle-Calédonie, ils ne pouvaient être frustrés et vexés de la sorte. Elle oubliait aussi que si la « Pénitentiaire » anglaise avait, au début, possédé dans la Nouvelle-

---

1. *Notice*, 1884.

2. V. la carte schématique, Nouvelle-Calédonie.

3. Dès le premier jour, l'administration pénitentiaire en Nouvelle-Calédonie n'a qu'une seule préoccupation : se créer une situation aussi indépendante que possible, non pas seulement vis-à-vis du pouvoir parlementaire, mais aussi vis-à-vis du Gouvernement et se ménager des recettes propres... » LANESSAN, *op. cit.*

Galles des pouvoirs absolus, ces pouvoirs n'avaient duré que le temps strictement suffisant pour permettre l'arrivée des premiers colons libres : avec eux, c'en était fait de l'indépendance et de l'absolutisme.

A la Guyane, si de semblables mesures n'ôtaient pas toute sa vigueur à la vitalité déjà médiocre de la colonie, le retrait des transportés de race blanche, décidé en 1864, s'annonçait comme une mesure déplorable. Sans doute, sous l'influence des fièvres terribles, il avait été bon d'éloigner les condamnés du foyer d'infections. Mais il aurait été possible d'écarter le mal, en se rendant compte de sa provenance. Des terres retournées s'échappaient des exhalaisons putrides qui touchaient tous les blancs. En les faisant travailler à des plantations bien orientées, ces épidémies lamentables n'auraient certes pas sévi. Au surplus, il est permis de se demander si c'est strictement appliquer la loi de 1854 et se conformer à son esprit que de réserver aux condamnés aux travaux forcés la Nouvelle-Calédonie, cet « Eden », cet « Eldorado » où la peine offre, en quelque sorte, une maison de retraite à des hommes tarés et déchus. Sans penser comme M. Paul Leroy-Beaulieu, que la Nouvelle-Calédonie devrait servir de lieu de transportation pour les condamnés à des peines légères[1], ne semble-t-il pas que des individus qui ont démérité de la Justice et de la Patrie, paraissent assez naturellement désignés pour tenter des expériences peu sûres sur un sol ingrat? Les criminels d'habitude ne sont « dignes d'aucune miséricorde. Les ménager, s'apitoyer sur les destinées qui les ont perdus, chercher à leur perversité des circonstances atténuantes, voir autre chose en eux qu'un danger social, c'est

---

1. *Colonisation chez les peuples modernes*. Paris, Guillaumin, 1891.

faire preuve d'une naïveté coupable, c'est assumer la responsabilité de leurs futurs méfaits[1]. »

Mais un danger qui planait également sur les deux colonies pénales et que les décrets postérieurs ne parviendront pas à supprimer, c'est celui qui résulte de la présence des libérés. Dès le début de l'occupation, l'administration se préoccupait de ces hommes qui « ont achevé leur peine et cherchent à rentrer dans la vie commune. » Jusqu'alors, il est vrai, ils n'ont causé « aucun embarras[2]. » Par la suite, ils occuperont une place considérable dans les préoccupations des coloniaux. Tous les documents officiels le constatent et le répètent, les libérés ne veulent rien faire, et retombent à la charge de l'État. Au Sénat, M. l'amiral Jauréguiberry rappelle que vers 1882 » 3500 libérés ne faisant rien, absolument rien, ne voulant pas travailler... étaient hébergés, logés, nourris, hospitalisés, et on n'avait aucun moyen de les faire travailler, vu que l'autorité était complètement désarmée à leur égard. » Devant cette impunité, ils reprenaient leur vie de vagabondage et confiants dans la Franc-Maçonnerie du bagne[3], se livraient aux pires dépradations, effrayant la colonisation libre par la cruauté de leurs crimes. Ces « parias de la loi de 1854 » devenaient peu à peu la plaie inguérissable, envahissante de nos colonies pénales, et un danger imminent.

Telles sont les erreurs et les fautes commises dans l'application de la loi de 1854 et que l'éminent professeur, M. J. Leveillé, a pu appeler « les maladies de la transportation. » Graves étaient leurs conséquences.

1. J. REINACH, *Les Récidivistes.*
2. *Notices,* 1871-72-73-74-75.
3. V. P. MIMANDE, *op. cit.*

D'une part, elles rendaient la peine absolument improductive. De tous les efforts concentrés dans nos colonies pénales, de toutes les sommes jetées en pâture « au Minotaure exotique[1], » il ne restait que quelques installations primitives, quelques établissements infructueux. L'administration s'était heurtée aux systèmes de la régie et de l'entreprise, et, en face d'eux, n'avait rencontré que des déboires : l'un était ruineux, mais conforme à l'esprit de la loi ; l'autre rémunérateur, mais illégal. Que faire, et devant ce dilemme, n'est-il pas permis de pardonner aux rares administrateurs qui éprouvèrent quelques hésitations? N'est-ce pas plutôt à l'exemple mal interprété de l'Angleterre qu'il faut attribuer un pareil insuccès?

D'autre part, si la question financière et budgétaire offre une grande importance, elle n'est pas la seule qui mérite l'attention. Au lieu de créer, avec les établissements de la transportation, des lieux d'expiation, de châtiment, et par la suite de relèvement, le législateur de 1854 n'est parvenu qu'à activer la propagation du mal en faisant de la « Nouvelle » un séjour assez aimable pour supprimer, dans la plus basse « pègre, » tout effet d'intimidation. Que restait-il alors de tant d'efforts dépensés, de tant de capitaux répandus, de tant d'énergies vainement dispersées?

Ces résultats néfastes ont alors ému l'opinion publique qui commençait à se passionner pour les choses coloniales. Les pouvoirs publics eux-mêmes — à la suite des débats sur la loi de la rélégation — s'inquiétèrent. Et M. Leveillé, d'accord avec M. F. Faure, alors sous-secrétaire d'État aux colonies, et les gouverneurs

1. MONCELON, *op. cit.*

des possessions, commençait une vaillante campagne; il en avait réuni les éléments précis dans la mission dont l'avait chargé le Gouvernement à la Nouvelle-Calédonie et à la Guyane. Dès lors, il s'agissait de réorganiser et d'amender, dans nos établissements pénitentiaires, l'application de la loi du 30 mai 1854.

CHAPITRE IV

La Législation depuis 1880.

———

Cette application nouvelle des grands principes adoptés en matière de transportation fut l'œuvre de nombreux décrets dont les dates se suivent depuis 1889 jusqu'à 1895, apportant chaque jour des éléments nouveaux à la législation[1].

Au point de vue de la pénalité pure, le décret du 5 octobre 1889 se préoccupe de substituer la peine de la réclusion à celles des travaux forcés pour les crimes commis dans les établissements coloniaux. Aux individus déjà condamnés aux travaux forcés, les travaux forcés ne sont plus appliqués. Et les peines d'emprisonnement ne s'exécuteront plus après l'expiration des travaux forcés, mais immédiatement. Le décret du 4 septembre 1891, tout en traitant du régime pénitentiaire dans son ensemble, complète ce dernier décret. Sans rétablir le régime des châtiments corporels, il décide l'installation des « salles de

———

1. La loi du 25 décembre 1880 était intervenue dans le but d'empêcher les criminels d'aggraver leurs crimes pour aller aux colonies. « Lorsqu'à raison d'un crime commis dans une prison par un détenu la peine des travaux forcés est appliquée, la Cour d'assises ordonnera que cette peine sera subie dans la prison même où le crime a été commis, à moins d'impossibilité... »

discipline » pour les incorrigibles. Quant à la peine de mort, c'est le gouverneur qui statue sur son exécution ; le condamné n'a plus dorénavant à compter sur la clémence présidentielle.

Mais les innovations de ce décret ne sont pas là. Leur portée est plus haute et atteint les traditions suivies jusque-là. Le régime des classes est conservé (art. 1). De cinq qu'elles étaient auparavant, leur nombre passe à trois ; tandis qu'autrefois le passage d'une classe à l'autre s'opérait avec une facilité trop grande aux yeux des légistes et avec une rapidité extraordinaire, puisqu'un condamné pouvait, en dix-huit mois, arriver à la première classe, le décret de 1891 veut que le détenu soit resté deux ans au moins dans une classe pour passer dans l'autre. De plus, et pour que soit assuré le reclassement du criminel, il lui faut, pour pouvoir passer dans la première classe, avoir accompli la moitié de sa peine — ou dix ans de cette même peine, si c'est à perpétuité qu'il a été condamné (art. 9). Les condamnés de la première classe peuvent seuls être mis en concession, en assignement (art. 2-4). La troisième classe comprend les individus arrivant de la Métropole, les hommes « rétrogradés » par suite de punition, les incorrigibles. « Les travaux les plus pénibles, dit M. P. Mimande[1], leur sont exclusivement réservés, tels que le creusement des canaux, l'exploitation des carrières, le cassage et le transport des pierres, le déchargement des navires, etc. Couchant sur un lit de camp, enfermés pendant les heures de suspension du travail ;... ils sont, en outre, astreints au silence. Cette épreuve ne peut durer moins de deux ans, et bien rarement on se contente de ce minimum légal. »

---

1. Paul Mimande, *Criminopolis.*

Les condamnés de la troisième classe reconnus incorrigibles sont envoyés pour six mois au moins dans des camps disciplinaires spéciaux (art. 37-38). Dans ces établissements, « la durée des punitions est doublée. Les infractions légères y sont punies de salle de discipline, ce qui consiste, dit le règlement, à marcher à la file indienne et en silence depuis le lever jusqu'au coucher du soleil : la marche est interrompue toutes les demi-heures par un court repos, durant lequel les condamnés sont assis sur des dés en pierre ». « Dans les intervalles du travail et au moment du repos, les habitants du camp sont enfermés dans leurs cases, où il leur est loisible de manger leur très maigre pitance et de s'étendre sur leur lit… rembourré avec du béton ; le hamac, où les planches seraient ici du luxe[1]. » Quant au salaire, il est totalement supprimé. Le condamné a droit seulement au pain et à l'eau (art. 12). Mais, par son travail, il peut améliorer ce piètre ordinaire : il reçoit alors un bon lui permettant de toucher une ration de viande, de

---

1. Paul MIMANDE, *loc. cit.* « Les camps disciplinaires ne sont point faits pour rendre le visiteur fier de sa qualité d'homme. C'est, en effet, je vous le jure, un spectacle lamentable que celui de ces êtres amaigris et pâles, aux faces patibulaires, le corps mal recouvert par de vieux sacs, tirant la jambe droite alourdie par le port de la chaîne, travaillant sans une seconde d'arrêt pendant toute la durée de la « séance », sous la garde de nombreux surveillants, que seconde une escouade de vigoureux Canaques bien armés. » — Cette horrible situation pousse à tous les desespoirs ; les mutilations sont fréquentes et souvent épidémiques. » « Il (un jeune forçat)… imagina de se crever les yeux avec des épines : la semaine suivante, quatre ou cinq de ses camarades l'imitèrent ; puis, ce fut autre chose : il devint à la mode de se couper un pied ou une main, de se désarticuler un bras. On dut réagir… Pour les aveugles, on fit établir une sorte de cirque fermé par des barrières à la hauteur de la main et on les obligea de s'y promener, pendant huit heures, avec un sac de sable sur les épaules. Les manchots étaient attelés à des tombereaux, et ainsi des autres. »

légumes secs, de café. L'administration se montre,
paraît-il, assez large, si bien que, « dans la pratique,
la ration normale est une exception. »

D'ailleurs, désormais, les condamnés ne vont pas
tous nécessairement à la Nouvelle-Calédonie comme
sous le régime du décret de 1863 : une Commission
de répartition désigne, avant le départ des courriers,
la destination de chaque condamné? Suivant ses antécédents, il est dirigé soit sur la Nouvelle-Calédonie,
soit sur la Guyane. La Guyane, jugée plus terrible,
est réservée aux condamnés à de longues peines et la
Nouvelle-Calédonie aux condamnés à court terme.

Mais c'est surtout au point de vue purement colonial et objectif que se trouve transformée la transportation. Les traditions dernières dont on a vu les résultats déplorables devront être abandonnées, l'organisation modifiée. La main-d'œuvre pénale, qui peut être
envisagée à trois points de vue, — exécution de grands
travaux d'intérêt général — mise à la disposition des
services locaux ou particuliers — mise en concession
— sera réglée par des décrets. Aucun des éléments de
cette division tripartite n'échappe à la nouvelle réglementation.

On a vu à quelles difficultés avait donné lieu l'exécution des travaux publics pour le compte des services de la colonie. Le décret du 15 septembre 1891
« concernant l'emploi aux colonies de la main-d'œuvre
des condamnés aux travaux forcés » vint réglementer
l'emploi des forçats. Il se montre encore très large et
s'il règle minutieusement l'emploi de la main-d'œuvre,
il permet en somme tous les modes d'emploi dont elle
est susceptible — et qui ne sont pas encore à l'abri
de toute critique.

Aux termes de ce décret, les détenus peuvent être mis,

pour l'exécution des travaux de colonisation ou tous autres travaux d'utilité publique, à la disposition d'un service local ou d'une municipalité. Mais alors, chaque mois, la colonie ou la commune doit rémunérer le Trésor du prix de l'entretien des hommes qui lui ont été fournis. C'est le Ministre qui détermine annuellement ce prix pour les services employeurs, à moins que, par mesure spéciale, il ne les en ait dégrevés (ch. II).

D'ailleurs, les condamnés ne sont pas nécessairement employés dans les centres pénitentiaires ; ils peuvent être enrôlés en « sections mobiles » et contribuer dans des colonies autres que la Guyane et la Nouvelle-Calédonie à l'exécution de grands travaux d'utilité publique, soit pour l'État, soit pour les gouvernements locaux. C'est alors, à raison des services rendus, les budgets locaux qui règlent toutes les dépenses occasionnées de ce chef, même celles de transport, à moins que l'État n'en décide autrement, par exception (ch. III).

Le décret, dans son chapitre IV, traite de l'entreprise qui avait donné lieu à de si terribles et de si ustes attaques. Sans la supprimer totalement, il se contente de la réglementer. Les particuliers pourront à l'avenir recevoir, au nombre de cent au moins et de deux cents au plus, des condamnés pour l'exécution de certains travaux seulement, « travaux d'utilité publique exécutés pour le compte de l'État, des colonies, ou des communes, travaux des mines, travaux de défrichement ou de desséchement, travaux d'agriculture et industries diverses intéressant la colonisation. » Le concessionnaire doit fournir l'habitation aux transportés que l'administration entretient et surveille.

Pour obéir aux réclamations formulées à la Chambre et dans la presse, l'administration ne doit plus s'engager pour de longues périodes : les transportés ne peuvent être concédés que pour un an, à moins qu'il ne s'agisse de travaux d'utilité publique; alors, la cession peut être de trois années.

Un cautionnement de cent francs par détenu doit être fourni par le concessionnaire : il doit chaque mois verser au Trésor le prix de sa concession, fixé par le ministre compétent. Chez ce concessionnaire les condamnés travaillent pendant la même durée que dans les établissements pénitentiaires.

Désormais — et c'est une satisfaction donnée à l'opinion unanime sur ce point — il est interdit de rétrocéder les contrats de main-d'œuvre. En cas de rétrocession, l'arrêté de concession est annulé, et le cautionnement du concessionnaire saisi.

Ce décret, qui prévoit tous les emplois de la main-d'œuvre, n'oublie pas l'assignation individuelle (ch. V). Elle n'est autorisée que pour les transportés de la première classe; ils se trouvent alors nourris, logés par le concessionnaire dont ils deviennent les manœuvres ou les domestiques[1]. Mais là encore sont apportées des limitations; le contrat d'assignation, renouvelable il est vrai, ne peut être passé que pour une année; il doit être fourni un cautionnement de 50 francs par assigné auquel est versé chaque mois son salaire selon un tarif fixé par le Gouvernement et approuvé par le ministre. De ce salaire, le budget spécial perçoit 2/5, le pécule du transporté 2/5, le transporté 1/5.

Malgré cette réglementation, les abus purent se perpétuer. La cession des condamnés en était la source toujours féconde. Un nouveau décret du 13 dé-

---

1. Le concessionnaire assure encore les soins médicaux et doit payer les frais d'hôpital du cédé, à raison de 2 francs par jour pendant 30 jours au plus.

cembre 1894 [1] vint encore une fois réglementer « l'emploi de la main-d'œuvre pénale aux colonies » et modifier certaines des mesures prises par le précédent décret, « notamment en ce qui concerne la mise à la disposition des particuliers des condamnés pour l'exécution de travaux qui ne rentraient pas d'une manière absolue dans la catégorie de ceux prévus par la loi de 1854 [2] ».

Les principales dispositions du décret de 1891 sont encore maintenues ; c'est toujours, pour les municipalités ou les services locaux, la possibilité d'employer les transportés à des travaux de colonisation ou d'utilité publique. C'est toujours l'obligation de verser au Trésor les frais d'entretien de ces condamnés ; c'est toujours, aussi, l'institution des sections mobiles envoyées dans les colonies désignées par décret. L'Entreprise elle-même est maintenue à peu près dans les termes du décret de 1891. Même nombre de condamnés cédés, même cautionnement, même défense de rétrocéder les contrats, mêmes conditions d'entretien et de surveillance.

Cependant, des modifications très sensibles sont apportées au régime adopté pour l'emploi de la main-d'œuvre. « Les condamnés aux travaux forcés qui ne sont pas employés dans les ateliers ou sur les chantiers du service pénitentiaire sont affectés à des travaux de colonisation ou à des travaux d'utilité publique pour le compte de l'État. Ils peuvent être mis, pour les mêmes travaux, à la disposition des colonies ou des municipalités. Ils peuvent également être employés à des travaux de colonisation ou d'utilité publique exécutés à l'entreprise... »

1. Préparé par une Commission sous la présidence de M. Maurice Lebon.

2. *Rapport* présenté au Président de la République par le Ministre des colonies le 23 janvier 1895.

Les contrats de main-d'œuvre sont donc toujours admis. Mais, désormais, la mise à la disposition des particuliers des condamnés, pour des travaux ne rentrant pas exactement dans le cadre de l'article 2 de la loi de 1854 est supprimée. Tout au plus est-il dit (art. 29) : « L'administration pénitentiaire peut exécuter, pour le compte des particuliers, des travaux temporaires, tels que chargement et déchargement des navires, défrichements, récoltes et desséchements. Ces travaux seront exécutés sous la direction des agents de l'administration pénitentiaire. » Encore ces contrats sont-ils sévèrement surveillés. « Les arrêtés autorisant l'exécution de ces travaux sont pris par les Gouverneurs, à charge d'en rendre compte immédiatement au Ministre des colonies. Ils déterminent dans quelles conditions sont installés, au point de vue du logement, de l'ordre et de la discipline, les hommes chargés des travaux. »

D'autre part, il y avait un abus dans la faculté laissée au Ministre de dégrever totalement les administrations locales et les municipalités de la redevance due pour le prix d'entretien des condamnés. Désormais (art. 6), la redevance imposée aux services employeurs pour les condamnés mis à leur disposition est fixée, au minimum, à 1 franc par homme et par jour pour les services de l'État, à 1ᶠ,50 pour les services locaux et les municipalités. Cette redevance est versée dans les caisses du Trésor sous compte « Produit du travail des condamnés ». Comme ce prix de 1ᶠ,50 peut paraître exagéré aux services employeurs, qui, ne trouvant pas rémunérateur l'emploi d'une telle main-d'œuvre, préfèrent s'abstenir ou la demander à d'autres bras[1], une disposition transitoire

---

1. V. CHANDÈZE, *L'Émigration*. Paris, P. Dupont, 1898.

(art. 43) décide que, « pendant une période de temps qui ne pourra dépasser cinq ans, le Ministre des colonies pourra réduire à 1 franc le taux de la journée de main-d'œuvre fixée à 1f,50 au minimum par les articles 6, 8 et 11. »

Enfin l'article 32 modifie les dispositions du précédent décret en accordant pour l'assignation individuelle, cinquante condamnés au plus pour le même habitant. « Dans le cas où le nombre des condamnés assignés dépasse 25, un surveillant militaire est affecté à la garde du contingent et mis à la disposition de l'habitant ; celui-ci doit le logement à cet agent et remboursera à l'administration pénitentiaire le montant des traitements et allocations diverses ».

Les obligations de l'employeur restent les mêmes, mais le cautionnement est réduit de 50 à 25 francs.

C'est l'œuvre du décret du 18 janvier 1895 d'avoir réorganisé le régime des concessions et modifié le décret du 31 août 1878 qui, ne se trouvant plus « en concordance avec les nouvelles mesures édictées en vue de renforcer la discipline des pénitenciers et de rendre à la peine des travaux forcés le caractère d'intimidation, d'exemplarité que la loi criminelle a entendu lui attribuer, répondait mal aux intentions du législateur de 1854[1]. »

A l'avenir, les conditions exigées pour obtenir une concession sont beaucoup plus difficiles à réunir. Il faut que le condamné soit ou parvenu à la première classe et ayant constitué un pécule suffisant, ou libéré et ayant versé un dépôt de garantie (art. 1).

La concession, qui sous le régime antérieur était gratuite, est cédée désormais à titre onéreux. « Les concessionnaires ou ses ayants droits sont soumis au

---

1. *Rapport* présenté au Président de la République par le Ministre des colonies, le 30 janvier 1895.

paiement d'une rente annuelle et perpétuelle qui est fixée dans la décision portant envoi en concession, eu égard à l'importance des terrains concédés, sans toutefois que ladite rente, par hectare et par an, puisse être supérieure à 20 francs, ni inférieure à 10 francs pour les concessions agricoles... Le capital de la rente est également fixé dans chaque décision portant envoi en concession. Ce capital ne peut être supérieur à 600 francs ni inférieur à 400 par hectare pour les concessions agricoles... » (art. 3 et 4). Mais les concessionnaires ne sont tenus de payer cette rente que deux ans après la décision d'envoi en concession (art. 30). Il y a là pour le nouveau colon une invitation à tirer tout le profit possible de sa terre, qui forme ainsi une tenure d'un nouveau genre[1].

La propriété de la concession ne devient définitivement acquise au concessionnaire que cinq ans après sa mise en concession (art. 22), si toutefois il ne s'est pas mis dans un des cas où les concessions sont retirées de plein droit[2] ou peuvent être retirées[3]. (Article 16) Alors le concessionnaire « peut se libérer du payement de la rente à laquelle il est soumis en versant le capital. » Mais ce capital est exigible immédiatement en cas de vente ou de donation de la concession (art. 24).

L'administration fournit au concessionnaire une case — parfois — (art. 7) des outils aratoires, des effets de couchage et d'habillement — et une ration de vivres pour six mois seulement (art. 10 et 11).

1. SALEILLES, *op. cit.*
2. Pour tout fait ayant entraîné des peines criminelles — pour évasion — pour défaut de payement de la rente.
3. Pour fait ayant entraîné des peines correctionnelles — pour inconduite — pour indiscipline — pour défaut de culture — pour absence, etc.

Mais il doit résider sur le terrain concédé (art. 14), le mettre en rapport pour la moitié au moins dans la première année et pour la totalité dans la seconde (art. 15). Le concessionnaire reçoit aussi la capacité civile suffisante pour gérer ses biens ou exercer une industrie.

Le décret s'est préoccupé aussi du règlement successoral des concessions. « Lorsque le concessionnaire définitif décède avant rachat de la rente, les biens concédés passent en pleine propriété aux enfants ou aux descendants résidant dans la colonie. Toutefois, si le concessionnaire a laissé une veuve habitant également dans la colonie, celle-ci succède pour moitié en usufruit... » (art. 40). Cet usufruit est d'un quart de plus que celui du Code civil[1]. Enfin, à défaut de frères et sœurs ou descendants d'eux résidant dans la colonie, les concessions font retour à l'État et au domaine pénitentiaire.

Ces mesures, organisant les concessions, cherchaient à assurer l'avenir des libérés. On a vu qu'aux termes de la loi de 1854, il leur est interdit de revenir en France — ce qui est assez naturel pour des concessionnaires; mais pour les autres? On admettait qu'ils n'exercent pas de métier. Il en résultait qu'errant dans la colonie, ils étaient la terreur des colons libres, et même des concessionnaires. Devant cette situation, il fallut bien intervenir. Un décret du 16 janvier 1888 les obligeait à se rendre chaque année à deux appels et les faisait justiciables des tribunaux de droit commun. Enfin si un libéré commet un nouveau délit, il devient un récidiviste soumis par conséquent à la loi de 1885 sur la relégation. Il suffit même, pour

---

1. Art. 767 du Code civil.

qu'il soit envoyé à la relégation collective, qu'il ait été convaincu de vagabondage.

Le décret du 27 septembre 1890 complète ce dernier. Il astreint le libéré au port d'un livret d'identité sur lequel sont constatés les appels auxquels il a dû se rendre et les moyens d'existence — envoi en concession, exercice d'une profession — dont il peut justifier. Sinon, il est considéré *de plano* comme vagabond et transféré à la relégation collective. Mais, quelque rigoureuses que soient ces mesures, elles sont encore insuffisantes pour permettre de lutter avec succès contre les libérés qui tiennent la brousse et ne vivent que de mendicité et de pillage : ils restent, aujourd'hui plus que jamais, le fléau de nos colonies pénitentiaires.

Telle est l'organisation nouvelle de la loi de 1854, qu'on a pu appeler le « Régime des décrets ». Avec les modifications apportées aux traditions antérieures, bien des progrès ont été accomplis. Les pouvoirs publics ont cherché à régler, dans les meilleures conditions, au point de vue de tous, la situation des transportés dans les colonies pénitentiaires. Y sont-ils parvenus ? Il est permis d'en douter, surtout au moment où ces colonies, saturées de criminels, vont, à la suite d'une loi nouvelle, en recevoir de nouveaux contingents.

CHAPITRE V

La Loi du 27 mai 1885 sur la relégation des récidivistes.

L'opinion publique « effrayée du nombre toujours croissant des récidivistes » réclamait depuis longtemps une mesure qui purgeât la métropole de la multitude des gens sans aveu jetant à la Société le « défi du vice incorrigible[1]. »

Déjà, lors de la grande enquête parlementaire de 1872, les Cours d'appel réclamaient la transportation pour les récidivistes[2]. M. d'Haussonville s'associait à leurs préoccupations que reprenaient par la suite les municipalités, les comités républicains, les cercles[3].

Dès 1881, un projet de loi, signé de plusieurs députés, était déposé sur le bureau de la Chambre des députés, et le 16 février 1882, MM. Waldeck-Rousseau et Martin-Feuillée reprenaient, en le complétant, ce projet. Après les rapports de M. Waldeck-Rousseau pour la première commission, de M. Gerville-Réache pour la seconde, le projet était adopté à la Chambre des députés par 348 voix, au Sénat par 189 voix.

----

1. TEISSEIRE, *op. cit.*
2. D'HAUSSONVILLE, *op. cit.*
3. Entre autres les loges maçonniques « Travail et Persévérante Amitié ». V. TEISSEIRE, *op. cit.*

La loi était votée le 11 mai 1885 à la Chambre des députés, par 388 voix sur 435 votants et promulguée le 27 mai.

La relégation doit s'appliquer aux individus hommes et femmes qui « dans quelque ordre que ce soit et dans un intervalle de dix ans, non compris la durée de toute peine subie, auront encouru « un certain nombre de condamnations énumérées dans l'article 4, à savoir : 1° deux condamnations aux travaux forcés ou à la réclusion; 2° une condamnation aux travaux forcés ou à la réclusion et deux condamnations « soit à l'emprisonnement pour faits qualifiés crimes « soit à plus de trois mois d'emprisonnement pour vol, escroquerie, abus de confiance, outrage public à la pudeur, excitation habituelle des mineurs à la débauche, vagabondage ou mendicité; 3° quatre condamnations « soit à l'emprisonnement pour faits qualifiés crimes, soit à plus de trois mois d'emprisonnement pour les délits spécifiés au paragraphe 2; 4° sept condamnations dont deux au moins prévues par les paragraphes précédents et les autres, soit pour vagabondage, soit pour infraction à l'interdiction de résidence, à la condition que deux de ces autres condamnations soient à plus de trois mois d'emprisonnement; 5° une condamnation aux travaux forcés, aux termes de l'article 266 du Code pénal modifié par la loi du 10 décembre 1893. — Mais alors la relégation est facultative pour le juge; 6° une condamnation à plus d'un an d'emprisonnement en vertu de la loi du 28 juillet 1894 sur les menées anarchistes, si le prévenu a été condamné dans une période de moins de dix ans, aux termes de la même loi, à plus de trois mois d'emprisonnement, aux travaux forcés, à la réclusion, ou à plus de trois mois d'emprisonnement pour crime ou délit de droit commun.

La loi du 27 mai 1885 ne fait que poser les principes qui doivent présider à la relégation. « La relégation, dit l'article 1ᵉʳ, consistera dans l'internement perpétuel sur le territoire de colonies ou possessions françaises des condamnés... » Ce sont des décrets qui doivent déterminer les lieux destinés à la relégation, l'organisation de la peine et les conditions dans lesquelles il sera pourvu à la subsistance des relégués, « avec obligation au travail à défaut de moyens d'existence dûment constatés » (art. 1). Ce dernier paragraphe avait été modifié par le Sénat : dans le premier projet, les colonies réservées à la relégation étaient indiquées : c'étaient la Nouvelle-Calédonie, la Guyane, l'île Phu-Quoc, les îles Marquises ; c'est que le « Sénat a pensé qu'il était inutile et même dangereux de désigner dans la loi même les colonies où devraient être transférés les relégués ; que ce choix rentrait dans l'exécution de la loi et devait, par suite, incomber au Gouvernement, sous sa responsabilité devant les Chambres ; qu'il ne fallait pas gêner, par des dispositions étroites, l'initiative gouvernementale dans l'accomplissement d'une tâche aussi lourde [1]. »

En outre, l'obligation au travail se trouvait inscrite dans la loi. Dans la première rédaction, il n'avait été question que de l'éloignement des malfaiteurs d'habitude : ses auteurs n'avaient considéré que la situation de la Métropole devant l'invasion du crime. « Les relégués jouiront de leur entière liberté et, du moment qu'il n'est pas dit que le relégué ne sera pas libre, il est incontestable que c'est la liberté qui est son droit. » Telle est, du moins, la pensée de M. Waldeck-Rousseau. — Mais envoyer aux colonies quelques milliers de récidivistes, libres d'y recommencer leur

1. *Rapport* de M. Étienne, sous-secrétaire d'État aux Colonies, sur l'application de la loi du 27 mai 1885. Paris, 1889.

vie d'insubordination et de paresse, était une responsabilité que ne voulut pas prendre, et avec raison, le Sénat, dont l'attention avait été attirée par une campagne de presse et par les réclamations des colonies désignées dans le projet de loi.

Au point de vue de son organisation, quelques autres mesures complétaient la loi : la relégation n'est pas applicable aux individus de plus de soixante ans, ni à ceux de moins de vingt-et-un ans (art. 6) ; — elle est complémentaire et, par conséquent, n'est subie qu'après l'expiration de la peine principale (art. 13) ; — enfin, l'article 16 autorise le relégué à introduire, à partir de la sixième année de sa libération, « une demande tendant à se faire relever de la relégation, en justifiant de sa bonne conduite, des services rendus à la colonisation et de moyens d'existence. »

C'est le décret du 26 novembre 1885, « portant règlement d'administration publique pour l'application de la loi du 27 mai 1885 sur la relégation des récidivistes[1], qui met en œuvre la législation nouvelle. Dès l'article 1er, la relégation est nettement divisée en deux grandes classes, de valeur différente : la relégation collective, qui est la règle, et la relégation individuelle, qui est l'exception.

La relégation collective s'applique à tous ceux qui n'ont pu obtenir la relégation individuelle. Réunis dans des établissements pénitentiaires spéciaux, ils sont astreints au travail (art. 3), de sorte que leur situation est à peu près semblable à celle des transportés, dont ils doivent toujours être séparés (art. 5). Ils sont transférés à la Guyane ou à la Nouvelle-Calédonie (art. 4).

---

1. Préparé par une commission extra-parlementaire instituée par le décret du 4 juin 1885.

Quant aux relégués individuels, ils sont internés dans des possessions déterminées et y résident en état de liberté. Mais il leur faut, pour obtenir le bénéfice de la relégation individuelle, justifier de moyens honorables d'existence, exercer une profession ou un métier, contracter des engagements de travail ou recevoir une concession (art. 2). — D'ailleurs, un relégué peut obtenir par sa bonne conduite de passer de la relégation collective à la relégation individuelle (art. 6 et 59).

Avant leur départ de France, et après avoir subi tout ou partie de leur peine, les relégables doivent être préparés à la vie coloniale et soumis au travail dans des ateliers ou chantiers organisés autant que possible en vue d'un apprentissage industriel ou agricole. Ils peuvent y être répartis en groupes et en détachements d'ouvriers ou de pionniers pour l'emploi éventuel de leur main-d'œuvre aux Colonies (art. 15). — A leur arrivée dans la Colonie, les relégués, après leur passage dans les dépôts « d'arrivée et de préparation » (art. 31), seront répartis dans les « ateliers, chantiers de travaux publics, exploitations forestières, agricoles ou minières » d'après « leurs aptitudes, leurs connaissances, leur âge et leur état de santé » (art. 32). Ils y perçoivent un pécule en raison de leur travail (art. 35). En justifiant d'offres d'emploi et d'engagement de travail, ils peuvent être autorisés, sans pour cela être admis au bénéfice de la relégation individuelle, à quitter l'établissement auquel ils sont affectés. — Il peut même leur être remis une concession de terre (art. 36).

D'une façon générale, ce ne sont encore là que des principes. L'organisation de la relégation fut réglementée définitivement par de nombreux décrets dont les principaux sont ceux du 22 août, 5 septembre,

11 novembre, 25 novembre 1887, 18 février 1888, 12 février 1889[1].

Le décret du 22 août 1887 organise le régime disciplinaire des relégués collectifs aux Colonies, assez semblable à celui qui gouverne les transportés. Les punitions disciplinaires sont l'interdiction de supplément de nourriture à la cantine, la privation d'une partie du salaire n'excédant pas le tiers du produit total du travail, la prison de nuit, la cellule et le cachot (art. 3). La cellule et le cachot entraînent, dans des proportions différentes, la mise au pain sec (art. 6). Pour les incorrigibles, il est institué un « quartier de punition » (art. 16), où les relégués sont astreints au travail à l'intérieur du quartier (art. 19), avec obligation au silence de jour et de nuit, pendant le travail comme pendant le repos (art. 20).

C'est l'organisation des dépôts de relégués aux colonies que règle le décret du 5 septembre 1887 avec les formalités auxquelles sont soumis à leur arrivée, les relégués, leur habillement, leur couchage, etc.

Les formalités qu'ils doivent remplir pour contracter mariage sont réglées par le décret du 11 novembre 1887 qui les dispense des obligations imposées par les articles 151, 152, 153 du Code civil.

Le décret du 25 novembre 1887 organise la relégation individuelle aux colonies. — Elle peut être accordée aux relégués collectifs jugés dignes de cette faveur sous réserve de l'approbation du Ministre de la Marine et des Colonies (art. 2). Le relégué admis au bénéfice de la relégation individuelle reçoit un livret qu'il doit présenter à toute réquisition des

1. En outre, les décrets des 20 août 1886, désignant l'île des Pins comme lieu de relégation individuelle; 11 juillet 1887, concernant le curatable d'office des successions des relégués; 20 novembre 1888, réglant la situation militaire des relégués; 13 juin 1889, décidant la formation d'une section mobile à Diégo-Suarez.

autorités administratives ou judiciaires (art. 4). Il doit le faire viser par les autorités désignées deux fois par an, en janvier et en juillet, à moins qu'il n'en soit dispensé par un arrêté du gouverneur (art. 6). — Mais il peut circuler dans les colonies, excepté dans les circonscriptions dont l'accès est interdit par une mesure spéciale.

Enfin les sections mobiles sont organisées par les décrets du 18 février 1888 et 12 février 1889. Elles pourront être mises dans les colonies, à la disposition des services publics ou des particuliers, pour être employées sur des chantiers de travaux publics ou sur des exploitations minières ou forestières (art. 1). Ces relégués, choisis parmi les détenus ayant une constitution vigoureuse et présentant des garanties de bonne conduite (art. 2), sont entretenus en tout ou partie par le service public ou les particuliers qui les emploient (art. 3). — L'enrôlement dans les sections mobiles constitue, en quelque sorte, une mesure de faveur. Si la nourriture y est celle des disciplinaires coloniaux (art. 5), la durée des punitions s'y trouve réduite de moitié (art. 7) et les relégués peuvent obtenir l'autorisation de « sortir du cantonnement en dehors des heures de travail » dans les conditions fixées par les consignes locales. La section mobile de la Ouaménie (section n° 1) sera employée à des travaux de route et de défrichements en vue d'installer des colons libres ou des concessionnaires sur ce domaine.

C'est, aux termes du décret du 16 mars 1887, dans la partie sud du territoire du Maroni que doit être cantonnée la relégation à la Guyane. Saint-Jean est le centre de ce territoire. Le décret du 12 février 1889 a confié l'exploitation forestière d'une partie du Haut-

Maroni à un camp mobile. Quant à la Nouvelle-Calédonie, c'est l'île des Pins qui est désignée pour recevoir les récidivistes (Décret du 12 février 1889), ou l'exploitation forestière de la baie de Prony (Décret du 2 mai 1889).

Tel est l'ensemble de la législation sur la relégation. Est-il permis de dire que la loi du 27 mai 1885 a reçu la consécration du succès? Ce serait assez difficile. Comme la loi de 1854, elle a été assez mal organisée pour mériter des critiques nombreuses[1]. En effet, outre les erreurs qui ont été relevées sur son compte au point de vue purement juridique[2], on peut assurer qu'elle contient des dispositions absolument anti-coloniales. En effet, l'article 12 de la loi décide que « la relégation ne sera appliquée qu'à l'expiration de la dernière peine à subir par le condamné ». On sait ce que sont les récidivistes, au moins pour la plupart, des mendiants, des vagabonds, des souteneurs, habitués aux nonchalances et aux paresses des grandes villes dont ils sont les parasites[3]. L'inertie, la veulerie, tel est leur actif pour entreprendre des travaux coloniaux. L'administration, en leur faisant accomplir leur peine avant d'aller rejoindre le dépôt des relé-

---

1. Ne l'a-t-on pas appelée « une gageure contre la logique, le bon sens et l'équité » ?

2. M. DE LANESSAN, *op. cit.*, relève ou moins deux erreurs à ce point de vue. La loi viole les principes du Code pénal en plaçant le récidiviste dans une situation inférieure à celle du « criminel transporté », car la durée de la peine de ce dernier est presque toujours limitée, tandis que celle du récidiviste n'a pas de terme fixé par le magistrat. De plus, elle viole le principe d'égalité de notre législation, car un maraudeur a pu se constituer par ses vols un « petit pécule pour qu'il puisse vivre libre dans la colonie qui lui est assignée », tandis qu'un vagabond comme lui, mais pauvre, sera soumis à un travail forcé.

Voir aussi MIMANDE, *Criminopolis.*

3. J. REINACH, *Les Récidivistes.*

gués, achève ce qu'une vie de hasard avait commencé et n'envoie dans nos établissements pénitentiaires que de pauvres hères, hâves et amaigris que guette l'anémie et bientôt la mort. Auraient-ils été sains et vigoureux que ce stage passé dans les prisons de la Métropole aurait suffi à éteindre en eux toute vigueur. Il est vrai, qu'aux termes de la même loi, le Gouvernement a la faculté « de devancer cette époque pour opérer le transfèrement du condamné » et même peut disposer les condamnés à la vie coloniale dans des pénitenciers spéciaux de la Métropole où il leur serait appris à devenir de bons ouvriers du bâtiment ou des agriculteurs. Or, le Gouvernement n'a jamais usé des facilités offertes par la loi. « La plupart des récidivistes ont été occupés jusqu'à ce jour dans les prisons de la Métropole : à délisser ou à trier des chiffons, à casser des noix, à préparer des enveloppes de bouteilles en paille, à découper des boutons, à confectionner des chaussons, des couronnes et des sacs en toile et en papier, à tresser des paniers, à fabriquer des galoches, des cannes et des balais[1]. » C'est là toute leur préparation à la vie coloniale. Réunis à Angoulême, ils attendent leur départ dans la plus complète inactivité[2]. Au surplus, peut-être serait-il possible d'en tirer parti, même avec toutes leurs tares physiques ; mais ces malfaiteurs d'habitude, ces « chemineaux » des grands centres ne sont guère condamnés à la relégation qu'au moment où leurs forces déclinent.

---

1. *Notice sur la relégation.*

2. « La vérité, c'est qu'il n'y a jamais eu de pénitenciers spéciaux. Nous sommes, remarquez-le, en 1898, il s'est donc écoulé une douzaine d'années depuis la confection de la loi. En fait, les relégables sont réunis, je crois le savoir, sont concentrés dans la maison d'Angoulême ; c'est à Angoulême, paraît-il, qu'on les prépare à la vie coloniale !.... Il paraît que cette ville est décidément un port de mer ! M. LEVEILLÉ, Chambre des Députés, séance du 18 janvier 1898.

Qu'attendre alors d'individus fatigués et par l'âge et par une existence de misère et de débauche et qu'on envoie à la vie coloniale vers l'âge de 45 ans![1]. M. Leveillé affirme[2] que les convois de relégués ont même reçu « des relégables qui étaient les uns amputés d'un bras, les autres amputés d'une jambe »[3]. Et, en cherchant la raison, « c'est que, dit-il, on a voulu débarrasser de non-valeurs coûteuses les établissements qui relèvent de l'administration de l'intérieur », car les délégués du Ministre des Colonies sont dans la commission moins nombreux que les délégués du Ministre de l'Intérieur. Ce qui prévaut dès lors dans cette commission mixte, c'est l'opinion de l'administration de l'intérieur ». Que dire devant de pareils faits ?

De plus le « relégué pourra, à partir de la sixième année de sa libération, introduire devant le tribunal de la localité une demande tendant à se faire relever de la relégation en justifiant de sa bonne conduite, des services rendus à la colonisation et de moyens d'existence » (art. 16, L. 85). C'est donc pour le relégué l'espoir d'un retour possible dans la Métropole ; c'est par conséquent lui enlever le souci d'un établissement perpétuel dans la colonie. Et ceux dont l'agriculture a particulièrement besoin et dont elle pourrait attendre quelques services, les forts et les courageux, sont précisément ceux qui, par leur bonne conduite, peuvent demander leur exeat[4]. L'adminis-

---

1. Collection des *notices* parues (tableau 17). Alors que la moyenne de l'âge des relégués est de 38 ans en 1897, on trouve qu'en 1895, au 31 décembre, il y a en Nouvelle-Calédonie, sur 3078 relégués, 1 249 qui sont âgés de plus de 40 ans et, en Guyane, sur 1 813 relégués, 261.

2. Chambre des Députés, séance du 18 janvier 1898.

3. Le fait confirmé par M. P. MIMANDE.

4. Voir GIRAULT, *Principes de Colonisation et de Législation coloniale.* Paris, 1895.

tration, il est vrai, s'est aperçue des vices contenus dans une pareille mesure et a tout fait, en multipliant les obstacles (décret du 9 juillet 1892), pour empêcher un semblable résultat; de fait, écrit M. P. Mimande[1] en 1897, « il n'a pas encore été rendu un seul jugement en ce sens depuis qu'on expérimente la relégation, c'est-à-dire depuis onze ans. »

En outre, n'y avait-il pas une imprudence à envoyer à la Nouvelle-Calédonie, déjà envahie par les établissements pénitentiaires, des effectifs nouveaux de condamnés?

Aussi bien, les résultats de la loi du 27 mai 1885 ont-ils été assez peu brillants. Il était difficile d'accomplir une œuvre sérieuse et durable avec des éléments aussi médiocres. Pour exécuter les travaux les plus pénibles, les relégués, en général, sont trop faibles ; pour être employés dans les ateliers de l'administration, ils sont insuffisants. Ayant passé la plus grande partie de leur existence dans les prisons, ils savent tout au plus confectionner des chaussons de lisière et coudre des sacs. Et pour leur mettre en main les outils, il faut une éducation nouvelle qui s'accommode mal de leurs habitudes passées. C'est ce qu'il fallut bien reconnaître dès les premiers essais, en 1887. « La nature même du personnel relégué, l'inaptitude des uns, la paresse innée des autres ne permettaient que très difficilement l'entreprise de certains travaux que la main-d'œuvre de la transportation aurait pu exécuter au contraire facilement. D'un autre côté, les tâtonnements inévitables qui se produisent au début d'un établissement important et la nécessité d'assurer quand même du travail aux relé-

1. *Criminopolis.*

gués ont obligé l'administration à employer ces individus à des travaux n'exigeant pas d'aptitudes spéciales, tels que cultures, travaux de routes, défrichements, exploitation des forêts, etc. [1] »

A la Guyane, en dehors de la construction des cases nécessaires à la relégation, et de la réfection des bâtiments, la main-d'œuvre des relégués a été utilisée aux travaux des routes. De 1891 à 1893, a été construit le chemin de fer de Saint-Maurice à Saint-Laurent. Des routes, peu nombreuses, ont réuni quelques camps entre eux. Enfin, des travaux ont été exécutés pour étayer le sol le long des rivières. Les travaux de la terre, comme toujours, ont tenu aussi une grande place dans les projets de l'administration : des travaux de drainage, des plantations d'arbres ont apporté une salubrité relative. Ce n'est que plus tard, vers 1892, que la main-d'œuvre a été appliquée à la culture, mais sur de petites surfaces. A Saint-Jean, les jardins potagers ont donné quelques résultats ; on y a planté de l'herbe du Para, utile pour la nourriture des bestiaux. Mais c'est la section mobile du Haut-Maroni qui a donné, par l'exploitation d'un chantier forestier, les plus fermes espérances.

A la Nouvelle-Calédonie, le temps a également été partagé entre les travaux agricoles, les travaux de routes et les travaux de construction. L'essai des cultures vivrières y réussit assez bien : le maïs, le haricot et les légumes, dits légumes fins, ont donné d'appréciables résultats. Quelques routes ont été construites, surtout à la baie de Prony et au camp mobile de la Ouaménie. Mais ce sont les travaux de reconstruction,

---

1. *Notices* pour 1889 et pour 1896. « L'Administration éprouve les plus grandes difficultés.... à tirer un parti productif d'un millier environ d'individus.... »

de réfection et d'entretien des bâtiments pénitentiaires qui ont occupé le plus grand nombre de bras. Quant à l'exploitation forestière, dont le centre est situé à la baie de Prony, elle paraît avoir donné d'assez maigres bénéfices[1].

1. V. sur tous ces points les *Notices sur la relégation*, publiées par le Ministère des Colonies pour les années 1887-88-89-90-91-92-93-94-95.

CHAPITRE VI

Les éléments de la transportation.

On a vu, dans les chapitres précédents, ce qu'était la législation française sur la transportation. Il convient maintenant d'étudier, au moins dans une rapide esquisse, ceux qui ont à la subir et que la loi envoie aux Colonies pour expier et s'amender.

Le transporté doit tenir la première place dans une étude de ce genre ; c'est sur lui en effet que le législateur a fondé ses plus fermes espérances, plus souvent déçues que réalisées. A son arrivée dans la colonie, le transporté, placé dans la dernière classe, a devant lui de bien longues étapes à parcourir avant de pouvoir aspirer à une situation meilleure. C'est dans cette situation désolée qu'il est déjà possible de juger s'il appartiendra à la catégorie des condamnés soumis et actifs, ou à celle des condamnés paresseux et récalcitrants. Les premiers cherchent autant qu'ils le peuvent à s'attirer la bienveillance et les faveurs administratives ; la conduite des seconds n'est guidée que par le souci du far-niente. Malheureusement, il faut le dire, c'est la catégorie des insoumis qui est la plus nombreuse et si, depuis Jean Valjean, il y a eu de « bons condamnés », ç'a été dans une propor-

tion minime. Au surplus, il serait peut-être difficile
à l'homme le plus probe de garder son intégrité et
sa patience dans des établissements où tous les vices
semblent s'être donné rendez-vous, où l'immoralité a
son protocole et ses usages qu'il est défendu de
transgresser. « Malheur à qui se révolte, à qui se
redresse devant l'horrible tutoiement, à qui ne jure
pas fidélité aux atroces lois du bagne, à qui les trahit,
à qui les dénonce. Et si puissante est cette impression
qu'elle garde toute sa force même en présence de la
mort[1] ». — Cependant, en demeurant dans le domaine
des généralisations, il est possible de différencier, a
priori, parmi ces visages falots et souvent hébétés,
les condamnés primaires des autres.

Le condamné primaire est celui qui a été, pour un
seul crime, condamné à la peine de la transportation.
C'est le plus souvent un crime passionnel qui lui a
valu le bagne, où il expie durement une heure d'éga-
rement. C'est quelquefois un homme d'éducation
supérieure et d'instruction correcte, plus souvent un
commis, un ouvrier travailleur[2]. Ceux-là souffrent en

1. P. MIMANDE, *Criminopolis.* « Il arrive parfois qu'un matin on
trouve dans le coin d'une case un homme râlant, la poitrine
trouée de coups de couteaux. On relève le blessé, on interroge
ses compagnons : personne n'a rien vu ni rien entendu ; chacun
a dormi d'un sommeil tranquille comme sa conscience ; on ques-
tionne la victime qui répond d'une voix défaillante ne savoir qui
l'a frappée. Quel drame a dû se passer à la lueur de la fumeuse
lanterne qui éclaire vaguement le sinistre dortoir ! On peut difficilement concevoir une chose plus tragique que cet assassiné
étouffant ses cris de douleur pour ne pas compromettre ses
assassins. »

2. Ainsi le nommé B...on, maître-maçon, dont j'ai sous les yeux
la correspondance. Condamné à dix ans de travaux forcés et
vingt ans de surveillance, le 24 juillet 1874 pour tentative d'in-
cendie, il passe au bout d'un an à la première classe. Concessionnaire, il obtient des prix au Comice agricole de Néméara en
1877. En 1880, il est l'objet d'une remise de peine ; la même année
il est cité pour avoir arrêté et livré à la justice un libéré qui
« après avoir poignardé un surveillant... allait de porte en porte

silence, ne s'insurgent pas contre la discipline : il reste assez de place dans leur cœur pour qu'y puisse pénétrer un peu d'espoir ; et, dans le long calvaire de leurs souffrances, ils sauront attendre l'heure de la libération.

Mais ce ne sont là que des exceptions. La multitude se compose de malfaiteurs d'habitude qui ont traîné leur vie misérable à travers le vagabondage, les maraudes et les vols qualifiés, pour aboutir à un crime. Jamais ils ne se réconcilieront avec la morale sociale ; révoltés, ils le seront toujours et le resteront même après leur libération, s'ils l'atteignent. Autrement, s'ils ont trop souvent fait des faux pas dans la route étroite de l'expiation, les travaux forcés les ressaisissent dans leur engrenage qui les étreint et les broie : ils ne se relèveront jamais. — Et c'est pourtant cette espèce misérable, veule, sans espoir comme sans repentir, qui domine dans les colonies pénales.

Cette différence se retrouve même parmi les concessionnaires. Quelques condamnés de la dernière espèce, par un semblant de bonne volonté, parviennent à se faire remettre un lot de terrain ; ils épuisent les vivres de l'Administration, laissent leurs concessions en jachère et, après avoir joui pendant un an des délices mitigés d'une semi-liberté, viennent redemander au bagne, avec leur réintégration, la certitude d'avoir, au prix d'un faible travail, le lendemain assuré. Le condamné primaire, au contraire, voit et prévoit. Il sait de quel prix est sa liberté et se met au travail. Sans doute, ce n'est pas sans peine qu'il traversera les premiers obstacles, pénurie d'ar-

offrir en spectacle la tête de sa victime ». Libéré en 1883, il est dispensé de l'obligation de séjour en 1888 et réhabilité peu de temps après.

gent, incertitudes des récoltes, manque d'appui à sa volonté affaiblie par des années de servitude ; mais s'il réussit, c'est l'adieu au bagne, c'est la douceur du foyer, c'est presque la liberté et peut-être la fortune. Car quelques concessionnaires — malheureusement trop rares — ont fondé d'importants établissements [1].

Quant aux condamnés d'origine arabe qui encombrent la Guyane, leur unique supériorité consiste à résister à l'anémie. Pour le reste, leur fatalisme irréductible en fait de déplorables ouvriers et de pitoyables concessionnaires.

C'est avec raison qu'on a le plus souvent considéré le libéré comme le fléau des colonies pénales. Il n'a pas pu obtenir de concession. Le jour tant souhaité de sa libération, il est mis à la porte des établissements pénitentiaires ; on lui a appris les circonscriptions où il lui est interdit de se rendre, circonscriptions urbaines où il pourrait, à peu près immédiatement, se procurer du travail. Il marche donc devant lui, ayant, pour subvenir à ses besoins, les quelques francs de son pécule de sortie bien vite épuisé. Peu de chances s'offrent à lui de rencontrer un employeur. Les colons, au moins en Nouvelle-Calédonie, car les Guyanais sont moins exigeants, préfèrent à ce personnage d'humeur vagabonde et de goûts fantasques la main-d'œuvre des condamnés en cours de peine qui leur coûte beaucoup moins [2]. Tout au plus peut-il

1. Un concessionnaire de la Nouvelle-Calédonie fabrique avec succès du tapioca, un autre s'est fait mégissier, un autre distillateur. Pour éviter la coalition des négociants de Nouméa, il a été créé des syndicats de concessionnaires. Leur bureau agréé par l'Administration gère de vastes magasins où s'alimente la circonscription.

2. V. le *Guide de l'Émigrant en Nouvelle-Calédonie*, publié par l'Union coloniale française.

trouver un engagement dans les mines de nickel, qui demandent moins la qualité des services que leur quantité. Mais ses goûts l'entraînent bientôt loin de tout travail. Il rejoint dans la brousse d'anciens compagnons de chaîne, libérés comme lui ou évadés : une association s'est formée qui va semer partout la terreur : elle commencera par le vol et poursuivra cette voie, s'il le faut, jusqu'à l'assassinat, en attendant qu'elle soit ramenée à la « Pénitentiaire » pour n'en plus sortir.

Que dire du relégué ? Il a toujours et partout été jugé sévèrement[1]. Rien à obtenir de cet être épuisé par une existence passée dans les bas-fonds de grandes villes ou dans les prisons de la Métropole. Il n'apporte aux services de la colonisation qu'un corps chétif et débile sur lequel les influences climatériques ou telluriques des pays tropicaux ont une terrible influence. Ce personnage hâve, morne et sale, n'a plus ni courage, ni ressort. Il s'acclimate au régime du dépôt comme il s'est acclimaté au régime des maisons de détention ; et, pour peu qu'il puisse acheter à la cantine, avec le maigre salaire qu'il touche, quelque nourriture en supplément à sa pitance quotidienne, il a atteint son but et accompli sa tâche.

Les femmes condamnées aux travaux forcés sont internées, à la Nouvelle-Calédonie, dans la « Maison de force et de correction » de Bourail. L'administration y joint les quatre-vingts femmes environ que les maisons centrales de la Métropole offrent en mariage aux concessionnaires. C'est là que se trouvent réunies les plus valides recrues de la population pénale féminine de l'île. Les reléguées, à l'asile de Kuto, au

---

1. V. J. REINACH, *Les Récidivistes.*

nombre d'environ cent cinquante, ont atteint un âge assez avancé pour ne plus exciter les convoitises : elle sont de quarante à cinquante ans. — A la Guyane, les envois de condamnées des maisons centrales ont dû cesser en raison des pitoyables résultats obtenus [1]. La maison de force de Saint-Laurent du Maroni ne contient donc que des reléguées. Dans ces établissements, toutes se livrent à la blanchisserie ou à la confection des trousseaux pour le compte de l'administration ou même des particuliers. Comme le régime qu'elles subissent est moins pénible que celui des hommes, elles paraissent tenir une conduite meilleure. Elles ont, d'ailleurs, plus d'énergie qu'eux dans les plus sombres épreuves. Quant aux reléguées, affaiblies le plus souvent par la débauche et l'ivrognerie, elles offrent un état de décrépitude et de misère physiologique qui ne permet pas de rien attendre d'elles et surtout de les donner comme épouses aux libérés.

Ce sont donc les transportées libérées et les envoyées des maisons centrales qu'on cède aux désirs matrimoniaux de la population pénale. Ces unions [2] ne sont pas, paraît-il, plus mauvaises que beaucoup d'unions

---

1. V. *Bulletin de la Société des Prisons*. Février et Mars 1896.

2. « On a autorisé le concessionnaire « à faire parloir » ; muni de sa permission, il se rend, accompagné d'un surveillant, au couvent, où on le met en présence du gracieux essaim... Il regarde, compare, réfléchit, et lorsqu'il a fait son choix, désigne à la sœur gardienne l'objet de ses préférences... La seconde entrevue, qui sera décisive, a lieu dans le kiosque... (Il) a deux issues, l'une sur la place qui précède le couvent, la seconde en face de la porte de la prison. Le prétendu entre par l'une, tandis que la rougissante promise est introduite par l'autre : du côté *cour,* un surveillant militaire se promène de long en large ; du côté *jardin,* une religieuse observe en égrenant son chapelet... Plusieurs visites se font ; c'est la période des petits cadeaux ; une paire de bretelles avec un chiffre brodé et, par réciprocité, un litre de vin qu'on réussit à passer en cachette... Le kiosque en treillis vert entend de doux aveux. » P. MIMANDE, *Criminopolis.*

plus normales. « Un gouverneur prétendait avoir chiffré exactement la moyenne des mariages modèles et l'évaluait à 66 %[1] ». Pourtant, il est permis de douter que le mariage d'un assassin avec une voleuse doive présenter le modèle des associations conjugales; d'après les écrivains spéciaux et autorisés, les unions pénales ont souvent un autre but que la fondation d'une famille nouvelle et qu'une mutuelle assistance. En dehors de ces éléments, en effet, chacun des deux époux trouve dans le mariage une source appréciable d'utilités. C'est pour la femme, avec la liberté, un peu plus de bien-être ; pour le mari, c'est quelquefois une compagne pour égayer sa solitude, rarement une ménagère utile pour tenir sa maison; plus souvent, c'est seulement un moyen de vivre riche sans beaucoup de peine. Le libéré, se rappelant les exemples que lui ont donnés autrefois ses camarades, livre sa femme à la prostitution et s'en fait des bénéfices appréciables, jusqu'au jour où un drame assombrit son intérieur et vient troubler la paix du ménage[2].

Mais que deviendra le fruit de ces unions? Que seront les enfants issus de ces mariages? Problème inquiétant entre tous. Car, outre qu'il touche de près à la question de la colonisation pénale, il intéresse aussi, ce semble, l'administration qui prend le souci d'unir le criminel à la criminelle. Sans discuter encore ici les graves problèmes qui se posent à ce sujet, on peut se demander quelle sera la valeur d'une union d'êtres pervertis et si le produit qui en résultera ne sera pas un être dégénéré et avili? Quels pourront être aussi les soins que donneront de tels parents à leurs fils? Sans

---

1. P. MIMANDE, *loc. cit.*
2. Quant aux mariages entre les Européennes et Arabes, ils n'ont jamais pu donner de résultats satisfaisants.

doute, M. P. Mimande peut rappeler dans une page éloquente ce mot d'une fille condamnée pour infanticide et qui, ayant eu un enfant de son mariage avec un concessionnaire, s'écriait : « Vois-tu, ce gosse-là, je l'aime double[1] » ; sans doute, il peut être rappelé que, de tous les descendants des convicts néo-calédoniens et guyanais, ancun ne fut traduit devant les tribunaux ; mais le doute plane sur le sort qui leur est réservé et l'avenir qui s'ouvre devant eux. Et d'autant mieux que, le plus souvent, l'administration n'a jamais rien fait pour eux. Les enfants des concessionnaires vivent, au fond du lot paternel, sans autre conctact que celui de leurs parents régénérés, peut-être, mais insuffisamment pour leur donner l'éducation que nécessiterait une hérédité douteuse. A la Nouvelle-Calédonie, les Frères Maristes ont bien créé, à Néméara, une ferme-école, à laquelle quelques concessionnaires envoient leurs enfants : mesure facultative à laquelle tous ne se décident pas. A la Guyane, rien encore n'a été tenté dans cette voie.

1. *Criminopolis.*

CHAPITRE VII

Les établissements de la transportation.

----

§ I.

La Guyane.

Dans une étude spéciale de nos colonies pénitentiaires, la Guyane doit être traitée la première. C'est
que là, en effet, notre droit de conquête s'est affirmé
depuis plus de deux siècles, et que, d'autre part, c'est
là que furent transférés les premiers convois de condamnés.

La Guyane, on se le rappelle, forme une région
d'une étendue égale à plus de la moitié de la France,
comprise entre le Maroni à l'ouest, l'Oyapok à l'est,
et la chaîne des monts Tumuc-Humac au sud. Elle
touche donc aux possessions anglaises, hollandaises
et au Brésil. Deux zones se partagent le pays ; sur
une profondeur de quarante kilomètres à partir du
littoral s'étend une plaine couverte d'une végétation
abondante ; inondée pendant l'hiver, elle reste partiellement couverte par les eaux pendant la saison sèche,
car elle se trouve à un niveau inférieur à celui des
grandes marées ; c'est la région des « Terres Basses ».

Au delà, s'étend la région des « Terres hautes », d'une altitude de 300 à 500 mètres, s'élevant par étages jusqu'aux Monts Tumuc-Humac, qui séparent la Guyane du bassin de l'Amazone et dont les points les plus élevés n'atteignent pas 1500 mètres. Là se rencontrent d'immenses forêts coupées de savanes, connues encore seulement des explorateurs[1].

Les terres basses sont d'une extraordinaire fertilité : elles se prêtent à tous les genres de culture. Dans les savanes des altitudes supérieures, l'élevage du bétail est possible. Les superbes forêts qui les entourent contiennent les essences d'arbres les plus variées et les plus précieuses. On y a découvert la « balata », arbre dont la gomme peut être appelée à remplacer la gutta, dont les emplois se font plus nombreux en même temps que décroît sa production. D'une exploitation facile, il paraît promettre les plus brillants résultats. La Guyane possède aussi des couches très riches de phosphates ; depuis 1854, des gisements aurifères ont été reconnus qui accaparent le peu d'activité des Guyanais[2].

En effet, dans cette colonie si ancienne, au milieu de la nature la plus riche qui se puisse imaginer, misérable est la population[3], nul le commerce[4]. A quelles causes attribuer cette maladie de langueur? On a essayé de les ramener à trois principales : l'insalubrité, le défaut de préparation et le défaut de main-d'œuvre.

1. En particulier le Dr CREVAUX et M. H. COUDREAU.
2. V. LESEUR, *Cours d'économie coloniale* professé à la Faculté de Droit de Paris. RECLUS, *Géographie universelle*. P. LEROY-BEAU-LIEU, *op. cit.* DE LANESSAN, *op. cit.*
3. Population. Créoles 21 000. — Réfugiés brésiliens 300. — Immigrants 3 500. — Étrangers 250. — Transportés et relégués 3 400. — Libérés 2 000.
4. En 1894, 26 millions d'importations et d'exportations.

L'insalubrité de la Guyane est aujourd'hui un fait admis par l'opinion publique, qui l'a basée sur la mortalité des effectifs militaires et des contingents pénaux. Il importe cependant d'être circonspect et d'envisager la question de près. Sans doute la région alluvionnaire des basses terres est un foyer d'infection; sans doute les avortements naturels y sont fréquents, aussi bien que la stérilité des mariages[1] ; sans doute, les affections paludéennes, la dysenterie et l'anémie y ont fait d'énormes ravages. En faut-il conclure que la Guyane est inhabitable et que l'Européen y doive nécessairement périr? Comment expliquer alors que les descendants des colons du XVIIe et du XVIIIe siècles s'y retrouvent encore, et que la Hollande ait pu, si près de la Guyane française, tenter, vers 1845, un essai heureux de colonisation européenne, que l'explorateur Coudreau y ait préconisé l'installation des Européens[2] ?

C'est que, pendant de longues années, les colons négligèrent l'étude du sol et du climat. La dysenterie qui fut, dit-on, la cause du désastre de Kourou, en 1763, ne tient, au dire des hommes de science, qu'à l'impureté de l'eau potable « qui contient des principes organiques nuisibles et d'origine tellurique ». Cette endémie serait donc facilement évitée. Quant à l'anémie, si elle est due surtout à l'influence d'un climat chaud et humide, elle est combattue par une alimentation réparatrice, et l'on convient généralement aujourd'hui qu'il n'y a pas de différences de climat qui ne puissent être supportées à l'aide d'une hygiène appropriée. Le plus gros reproche qui ait

----

1. LANESSAN, *loc. cit.*, citant ORGEAS, *Colonisation de la Guyane par la transportation*.

2. V. LESEUR, *loc. cit.*, citant une communication faite à l'Institut colonial international (session de La Haye).

été fait à la Guyane provient des affections paludéennes qui y ont fait tant de ravages, moins peut-
être que les influences telluriques. La côte, en effet,
et par un phénomène bizarre, passe pour moins dangereuse que les plateaux de l'intérieur. « Le sol
partout à la Guyane a des propriétés nocives plus
terribles que les véritables marais. Inoffensif, ou à
peu près, tant qu'il est recouvert par ses épaisses
forêts, il dégage des effluves éminemment délétères
et mortelles dès qu'on l'expose aux rayons solaires
et surtout dès qu'on le remue[1] ». Les travaux de la
terre, souvent répétés pour la culture des céréales,
étaient donc l'agent de diffusion de ces terribles influences. Avant de donner aux cultures arborescentes
la première place, ils furent longtemps continués[2],
comme longtemps furent comblés les marais, ce qui
mettait « en liberté les principes intoxicants renfermés dans le sol[3] » au lieu de les assécher au moyen
de canaux spéciaux.

Seulement, il faut ajouter que les mesures prophy-
lactiques nécessaires pour combattre l'anémie et la
dysenterie sont difficilement appliquées à des compagnies militaires et, à plus forte raison, à des équipes
de condamnés, souvent déjà perdus de misère physique et dont la nourriture se trouve être insuffisante,
malgré les « sollicitudes de l'administration ».

La seconde cause qui a influé sur l'avenir de la
Guyane est le défaut de la préparation et d'outillage.
Il est curieux de voir que cette colonie, une de nos
plus anciennes possessions, réclame encore aujour-

1. Le Dr HACHE, in *Notice sur la relégation*, pour 1887.
2. LEVEILLÉ, *La Guyane et la question pénitentiaire*, A. Colin et Pichon, 1886.
3. Communication de M. CHARVEIN, ancien gouverneur de la Guyane, à la Société des Prisons. *Bull. de la Société des Prisons*, 1896.

d'hui un aménagement nécessaire pour la mettre en valeur. Non pas qu'elle manque, autant qu'il l'a été dit, de voies de communications. Les routes ne servent pas à développer une colonie qui possède des voies naturelles merveilleuses. Ce qui lui manque, c'est l'assèchement, c'est l'écoulement des eaux par de larges trouées faites dans les forêts vierges. On l'a déjà proclamé « La politique en Guyane devrait être une politique hydraulique[1] ».

Enfin, la troisième cause géniale de la torpeur de la Guyane serait la pénurie de main-d'œuvre. La population y est en effet insuffisante pour la mettre en valeur. Mais, à songer qu'il y a un contingent pénal de près de six mille individus, le reproche paraît étrange. A quoi donc ont-ils pu être employés?

L'élément pénal fut importé en 1852 à la Guyane où déjà se faisait sentir un malaise qui semblait le nécessiter. Des îles du Salut, où était situé le dépôt de la transportation, les condamnés étaient répartis entre les pénitenciers de Saint-Georges, de la Trinité, de Saint-Augustin, de Saint-Louis ou de la Montagne d'Argent. Au bout de quelques mois, ce ne fut partout que la désolation et la mort. Employés à défricher la brousse ou à abattre des arbres, les forçats étaient vite fauchés par le mal redoutable du paludisme. — C'est la Montagne d'Argent qui a gardé, de tous ces établissements, la plus sinistre réputation. Bien qu'elle fût située non loin de la mer, au sud de l'Approuague, les marais qui l'entourent, dans la direction du vent en avaient fait la station la plus terrible de la Guyane. La mortalité y atteignit 63,3 pour cent en 1856. Elle ne s'éloignait guère de ce chiffre dans les autres

1. Jules DUVAL, *Les colonies de la France.*

pénitenciers agricoles. A Saint-Georges, l'administration dut se résoudre à n'envoyer plus que des nègres qui, seuls, pouvaient supporter les atteintes du tellurisme. Jusqu'au décret de 1863, la mort put ainsi continuer son œuvre. La fièvre jaune, importée par des navires en rade de Cayenne, augmenta encore la proportion des décès. — Saint-Laurent du Maroni, fondé en 1857, à l'ouest de la colonie, n'y échappa même pas, bien que là se soient réfugiées les dernières espérances de colonisation pénitentiaire[1]. A Cayenne, les condamnés, moins maltraités, étaient occupés aux travaux publics.

Avec le décret de septembre 1863, la Guyane était laissée aux condamnés arabes ; jusqu'au retour des blancs, ils végéteront, indolents et mous, sans apporter de contribution à l'œuvre coloniale.

Aujourd'hui, la situation paraît s'annoncer comme meilleure et le Département des Colonies croit pouvoir affirmer que la moyenne des décès est tombée à 5,9 pour cent[2]. Il semble aussi qu'elle a renoncé au morcellement des établissements pénitentiaires, en se cantonnant sur la rive droite du Maroni, qui avait laissé dès le début quelques espérances. Quant aux sections mobiles qui se livrent à l'exploitation des forêts, elles quittent la nuit les terrains défrichés pendant le jour.

A Cayenne, est un pénitencier dépôt qui réunit les nouveaux arrivés du bagne : ils sont au nombre d'environ douze cents. La plupart sont employés dans les ateliers de construction où l'Administration fabrique

1. LANESSAN, *op. cit.* et *Notices sur la transportation*, publiées jusqu'à 1885.
2. *Rapport du budget du Ministère des Colonies pour l'exercice 1898*, par M. RIOTTEAU.

elle-même ses chaussures, ses vêtements et les objets d'usage usuel. Les autres servent « à fournir l'effectif des corvées de la municipalité, du jardin public, de l'hôtel du Gouvernement, de l'artillerie, des ponts et chaussées, des magasins de l'État[1]. » Quelques-uns

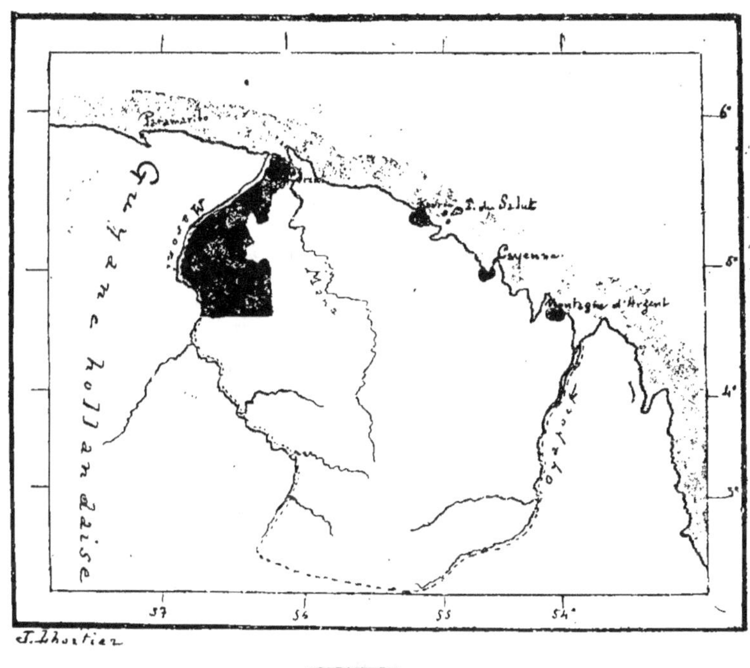

sont placés en assignement chez les habitants auxquels ils rendent des services, la main-d'œuvre faisant complètement défaut. Dans la banlieue de Cayenne, sont installés beaucoup de libérés, cabaretiers pour la plupart, en même temps qu'usuriers.

Le véritable centre de colonisation pénale est celui

1. P. MIMANDE, *Forçats et Proscrits*. Paris, Calmann-Lévy, 1879.

du Maroni. Il comprend des pénitenciers, des camps, des stations agricoles, des villages de concessionnaires et tous les établissements de la relégation. Saint-Laurent du Maroni en est le chef-lieu. Là se trouvent réunis l'hôpital, la maison de détention des femmes et un camp qui renferme huit cents forçats.

Le territoire pénitentiaire est divisé en circonscriptions. Aux Hattes, l'élevage du bétail, sans donner de produits remarquables, a assez bien réussi; à Saint-Maurice et à Saint-Louis, tous deux aussi sur les rives du fleuve, sont réunies les exploitations agricoles et les concessions dont les lots varient entre deux et cinq hectares, selon leur degré de fertilité. Il y a là deux cent cinquante concessionnaires environ dont beaucoup sont — malheureusement — arabes. Des routes, des ponts construits par eux réunissent tous les centres où se sont établis les commerçants — libérés — et les artisans — concessionnaires urbains.

La relégation est confinée à Saint-Jean. Sa réputation d'insalubrité était déjà grande lorsque l'Administration résolut d'y envoyer les récidivistes frappés par la loi de 1885. Les premiers essais d'installation échouèrent devant l'obstacle insurmontable des fièvres. À construire des canaux, à combler des marais, des milliers de vies humaines furent sacrifiées. La relégation fut quand même établie à Saint-Jean, présentant l'affreux spectacle du « bagne compliqué des souffrances physiques causées par un climat insupportable, par une installation détestable, par la présence d'une foule d'animaux nuisibles, petits et grands, qu'on y trouve à chaque pas, sur terre ou dans l'eau[1] ». Quel travail demander à l'individu,

1. Paul MIMANDE, *Forçats et Proscrits*, Calmann Lévy, 1897.

déjà anémié en arrivant dans la colonie, et que minent les fièvres [1]?

Sur le bord de l'Océan, le petit établissement de Kourou exploite le bois, élève des bœufs et cultive avec succès le café. La construction de canaux a un peu atténué la réputation laissée par la fin tragique de l'expédition de 1763. Il a pour annexe le petit pénitencier de Gourdonville.

Le groupe des îles du Salut, situées en face de Kourou, appartient aussi au domaine pénitentiaire; il se compose de trois îles, l'île Saint-Joseph, l'île Royale et l'île du Diable. La première reçoit les aliénés et les vieillards. L'île Royale contient, dans un espace excessivement restreint, un camp où sont internés les condamnés à la double chaîne, un quartier cellulaire, des hôpitaux, des magasins et une caserne pour un détachement d'infanterie de marine. Enfin, l'île du Diable, appelée, comme on le sait, depuis 1894, à une autre affectation, était auparavant l'asile misérable des forçats lépreux [2].

---

1. Au 31 décembre 1895, 1 634 hommes, 179 femmes se répartissant ainsi :

	Hommes.	Femmes.
Au dépôt ou sur les chantiers...............	1.029	128
Relégués individuels......................	58	24
Engagés..................................	3	9
A l'hôpital où à l'infirmerie	331	3
En détention, prévention ou punition......	44	»
Moyenne de la mortalité en 1894		6,6 %.
— en 1895		4,6 —

Notice sur la relégation pour 1895 et 1896.

2. « Les uns ont la face bouffie, le nez aplati, les yeux presque cachés sous l'enflure des joues; les autres ont le visage émacié, zébré de taches grises, le corps réduit à l'état de squelette; d'autres ont des plaies purulentes qui répandent une horrible odeur de chairs en putréfaction... C'est probablement qu'à un moment quelconque ils se sont évadés; les femmes indigènes sont de mœurs faciles et, comme la moitié de la population de la Guyane est lépreuse... » P. MIMANDE, *Forçats et Proscrits*.

On a déjà pu s'apercevoir des résultats qu'a présentés une expérience de plus de quarante-cinq ans. A Cayenne, si les condamnés travaillent à l'habillement et à la cordonnerie, ils paraissent avoir été assez peu utilisés pour les travaux publics. Les rues de la ville sont pleines de boue et de fondrières ; peu ou pas d'égouts ; les établissements publics sont dans un état lamentable ; pas une construction neuve ne s'élève dans ce pays où douze cents hommes sont « condamnés aux travaux les plus pénibles ». Quant aux établissements agricoles, ils végètent. Les colons forcés sont décimés par la maladie qui touche aussi le personnel administratif dont l'énergie se trouve atteinte. Minces sont les résultats obtenus au Maroni : les concessionnaires arabes, les seuls qu'il a été loisible de suivre jusqu'ici dans leur carrière, sont trop peu actifs et trop peu laborieux pour prospérer. Tout au plus savent-ils vivre au jour le jour.

Pourtant, l'administration aurait peut-être pu atteindre un résultat plus fructueux. Mais, outre le manque d'unité de direction, auquel n'échappent jamais nos colonies tropicales[1], la « Pénitentiaire » a cru devoir subvenir elle-même à ses propres besoins. « Au lieu de se limiter à une ou deux industries, dit M. Charvein, ancien gouverneur de la Guyane[2], non seulement elle a défriché, coupé, labouré, distillé, fait de l'élevage, mais elle a voulu construire des édifices, faire des ponts et des routes, creuser des canaux, fabriquer des vêtements, du cuir, des souliers, des sabots, des chapeaux, des meubles, des voitures, des registres, si bien que les compétences manquant pour diriger ce vaste cycle d'industries disparates morce-

---

1. LEVEILLÉ, *La Guyane et la Question pénitentiaire*.
2. Communication faite à la Société des Prisons.

lées à l'infini, c'étaient les transportés qui étaient leurs propres directeurs, leurs propres contrôleurs, leurs propres maîtres ». Cette situation se compliquait au début du morcellement infini des établissements. L'administration, pour établir ses colons, achetait des fermes aux particuliers; immédiatement, il fallait fuir devant les fièvres. De plus, longtemps on s'est obstiné à ne pas cultiver les plantes arborescentes qui ne demandent pas un travail suivi du sol. Sans doute la canne à sucre, longtemps préconisée, a cet avantage qu' « elle réduit à son minimum la phase, entre le défrichement et la récolte, où le condamné est à la charge de l'État ». Mais devant la concurrence des produits similaires et malgré toutes les sollicitudes, elle n'a pu réussir. Enfin, puisqu'on veut faire des colons avec les condamnés, pourquoi les mettre immédiatement à la culture sans aucune préparation, sans aucun encouragement, et sans leur avoir appris au moins les premiers principes de leur nouveau métier ?

Il y aurait donc beaucoup à faire pour tirer de la Guyane pénitentiaire un parti, si mince qu'il soit. Devant les charges immenses dont cette colonie pèse sur le budget[1], il est bien permis de souhaiter quelques réformes. Pourquoi l'État ne se livrerait-il pas seulement à une ou deux industries productives, au lieu de se disperser dans de multiples entreprises dont le rendement est à peu près nul? Pourquoi l'État n'essayerait-il pas de préparer les futurs concessionnaires à la culture en leur faisant faire un stage dans des pénitenciers agricoles spéciaux? Enfin, puisque la Guyane française est meurtrière à l'homme qui y vit

---

1. De 1852 à 1892 (inclus) les dépenses du service pénitentiaire à la Guyane ont été de environ *126 millions*, soit plus de 3 millions par an (*Rapport du budget de 1893*, par M. CHAUTEMPS).

dans des conditions inférieures d'hygiène, pourquoi ne pas réduire à leur minimum des établissements qui coûtent beaucoup pour rapporter peu? Ne serait-il pas possible de faire de la Guyane un simple dépôt temporaire de forçats prêts à être envoyés dans les colonies qui en éprouveraient le besoin pour leurs travaux d'utilité publique? — Il pourra être objecté qu' « à la suite des transportés viennent de. petits trafiquants peu estimables, mais formant un groupe de population[1] » et que, dans une colonie déjà peu prospère, ces émigrants apportent un peu d'activité. La laisseraient-ils donc, parce que des transportés arriveraient et quitteraient Cayenne ou le Maroni, dans une proportion à peu près égale? Et si on avance encore que la Guyane a besoin de la main-d'œuvre pénale pour sa culture, il sera facile de répondre qu'elle n'a donné jusqu'ici que des résultats trop médiocres pour laisser aucune espérance, que les auteurs le savent assez pour réclamer avec insistance l'envoi à la Guyane, des condamnés indo-chinois détenus à l'île de Poulo-Condore, les seuls qui, habitués au climat, soient assez énergiques et actifs pour devenir les auxiliaires utiles de la colonisation? Sans doute, « il n'y a aucune barbarie à infliger à des criminels invétérés les risques auxquels on expose d'une manière permanente l'innocente jeunesse qui compose certaines garnisons coloniales[2], » mais il y a lieu de douter de la valeur morale d'un châtiment qui conduit le condamné, par une inévitable décrépitude, à la mort, sans qu'il présente une utilité sociale.

1. P. Leroy-Beaulieu, *Colonisation chez les peuples modernes*.
2. P. Leroy-Beaulieu, *op. cit.*

§ 2

LA NOUVELLE-CALÉDONIE.

Si la Guyane mérite la première place en raison de la situation très ancienne qu'elle occupe parmi les possessions françaises, à la Nouvelle-Calédonie revient le premier rang au point de vue des institutions pénales. C'est là que l'administration a pu leur donner le développement le plus complet, sans se trouver limitée ni par les habitants, ni par la nature.

Occupée le 24 septembre 1853 par l'amiral Febvrier-Despointes qui recherchait une colonie pénale moins insalubre que la Guyane, le Décret de septembre 1863 en faisait la principale de nos colonies pénitentiaires en lui envoyant tous les forçats de race européenne. Jusque-là, c'est à peine si quelques colons s'étaient aventurés dans la grande île.

Pourtant, ils auraient trouvé, sur une terre plus grande que trois départements français, un climat sain et des productions abondantes. La Nouvelle-Calédonie possède, en effet, un climat analogue à celui des pays tempérés : il est d'une salubrité absolue, de telle sorte que l'Européen n'a pas à passer par une période d'acclimatement avant de pouvoir se livrer au travail. Les indigènes, d'origine canaque, au nombre d'environ 30 000, cantonnés depuis 1878[1] dans des « Réserves » spéciales, diminuent de jour en jour ; leur race sera bientôt éteinte. — Quant au sol, il offre les ressources les plus variées et les plus abondantes. Terres à pâturages, terres à culture, terres à boiser, toutes s'y rencontrent. Les terrains

---

1. A la suite d'une insurrection.

miniers occupent près des deux tiers de l'île, renfermant de l'or, du nickel[1], de l'argent, du cuivre, du
fer, à proximité de gisements houillers qui couvrent
toute la côte occidentale et les environs même de
Nouméa. Dans les forêts, se trouvent des bois de
construction de qualité supérieure, entre autres le
niaoulis qui présente des qualités remarquables
d'aseptisation et d'assainissement; les terres à pâturages — plus de 800 000 hectares — sont éminemment propres à l'élevage du bétail[2] comme à celui du
cheval. Au point de vue agricole, on estime à
400 000 hectares l'étendue des terres immédiatement
susceptibles des cultures les plus diverses, que permettent les différences d'altitude. Les plantes des régions
tempérées y prospèrent à côté des plantes tropicales;
le maïs, le riz, le manioc, s'y retrouvent à côté des
légumes de France. Le blé lui-même, jusqu'ici
demandé à l'Australie, commence à faire son apparition. — Enfin, l'orientation des vallées permet la
culture de certaines plantes exotiques, comme la
vanille, le cacao, le coton, le cocotier; mais c'est le
café qui paraît devoir apporter au pays sa principale
richesse[3].

Climat tempéré, population indigène peu dense,
productions abondantes[4], ce sont là les trois conditions d'une colonie de peuplement; elles devaient
assurer le plus brillant avenir à l'île Canaque. Un
élément pourtant manquait pour mettre en valeur une

1. La Nouvelle-Calédonie exporte pour 6 millions de francs de
nickel.

2. Le bétail y réussit si bien, que la surproduction n'a été arrêtée que par des commandes de l'État qui en fait ses conserves
militaires.

3. *Revue Coloniale*, 1895. VILLAZ, *Débuts d'un émigrant en Nouvelle-
Calédonie*, Paris, Challamel, 1897.

4. V. LESEUR, *op. cit*; RECLUS, *op. cit.*, et A. BERNARD. *L'Archipel de la Nouvelle-Calédonie*. Hachette, 1895.

situation aussi enviable : la main-d'œuvre, qu'il était
impossible d'emprunter aux tribus des Réserves. On
se prit à compter sur la transportation. Elle devait,
en effet, apporter les concours d'un nombre considérable de bras, préparer la Colonie à la réception des
colons libres, et les entraîner à sa suite. Pourtant
aujourd'hui la population totale de l'île ne compte que
41 000 habitants se décomposant ainsi : indigènes,
25 000 ; transportés, 8 000 ; hommes libres, 9 000 environ. Ce dernier chiffre lui-même partagé entre les
colons et les militaires, fonctionnaires et employés de
tout grade et de tout ordre, il reste un effectif de
3 500 colons libres, nombre bien restreint dans une
colonie où il est admis que pourrait vivre un million
d'individus. — Il convient donc d'examiner si l'Administration a tout fait pour le développement de la
colonisation et, du moins, si la colonisation pénale a
aidé la colonisation libre à prendre, dans l'île, la place
qui lui est due.

Le 2 janvier 1864[1] débarquait en rade de Nouméa
le premier convoi de transportés ; il en comprenait 250.
« Le Gouverneur promit sa bienveillance aux transportés de bonne conduite ; l'Administration pénitentiaire se montrait l'auxiliaire de la colonisation libre,
et pendant cinq ou six ans, le bagne rendit de très
réels services[2]. » Cette union des deux colonisations
fut de courte durée. L'Administration, avec l'arrivée
des transportés plus nombreux, se sentit maîtresse
de l'île et de ses destinées. Dès 1867, la première des
fermes agricoles était installée. Koé, Nemba, Uaraï,
Fonwhary, Pouembout recevaient bientôt des conces-

1. Voir, sur tous ces points, les *Notices*, souvent obscures,
publiées par le Département de la Marine de 1871 à 1885.
2. A. BERNARD, *op. cit.*

sionnaires ou des élèves concessionnaires. L'Administration réclamait encore des terrains nouveaux et enfin, en 1884, un décret fameux lui attribuait 110 000 hectares de terres. L'opinion publique, l'avis d'écrivains autorisés, l'impulsion donnée à l'émigration[1] ont nécessité la réduction des prétentions de l'Administration[2]. Mais l'élan donné à la transportation vers un but qui n'est pas le sien persiste encore aujourd'hui : le bagne occupe dans l'île une place trop grande.

Le condamné débarquant à la Nouvelle-Calédonie est interné d'abord à l'île Nou, « le domaine exclusif de la transportation ». Là, sont réunis des casernes, des ateliers, des magasins, un hôpital, et un quartier cellulaire. L'île Nou peut contenir plus de deux mille individus, et contient des fonderies, des briqueteries, des carrières de pierres à bâtir, des fours à chaux, des ateliers où est travaillé le fer[3]. — Dans le camp ouest, un grand hôpital pourvoit aux besoins de toute l'île. — Dans le camp est, avec les condamnés employés, infirmiers, — voire musiciens, — sont renfermés les transportés destinés à assurer le service des corvées à Nouméa, et à exécuter les travaux publics. — Enfin, la ferme nord élève le bétail et récolte les plantes maraîchères.

Le camp de Montravel, formé de neuf bâtiments entourés de murs d'enceinte avec tourelles, est affecté au camp disciplinaire.

Dans la presqu'île Ducos, attribuée au domaine pénitentiaire depuis la suppression de la déportation,

---

1. Surtout par l'*Union coloniale française* (secrétaire général, M. Chailley-Bert) qui propage avec succès les idées coloniales.

2. Un décret du 8 octobre 1898 a désaffecté 42 919 hectares précédemment réservés au service pénitentiaire.

3. *Notice* pour 1884.

sont réunis dans les vallées de M'bi et de Tendu une prison pour les libérés condamnés, un asile pour les vieillards, et un hôpital; usées par le séjour du bagne, c'est là que végètent les plus misérables existences.

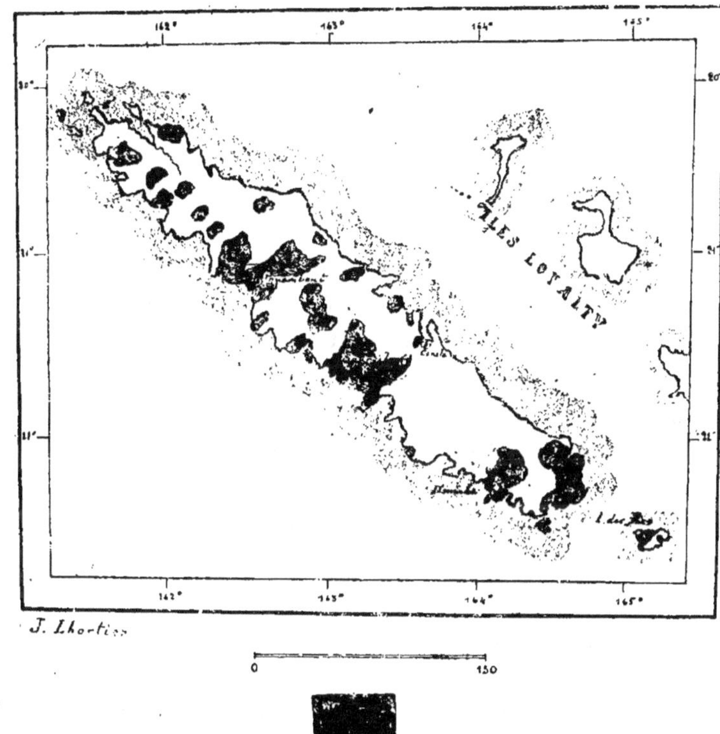

Domaine pénitentiaire.
en 1885

Avec les établissements qui entourent Nouméa, ce sont les pénitenciers agricoles qui prennent le plus d'importance. Répandus sur tous les points de l'île, ils sont très nombreux. Uaraï, Pouembout, Canala, le Diahot, Fonwhary, la baie de Prony, Bourail sont les principaux. « Ces centres ont généralement une

importance nulle et un développement très lent. Au
Diahot, les concessionnaires, faute de débouchés,
vivent dans des conditions assez précaires; à Prony,
la concession comprenait 4 hectares de forêt; les
concessionnaires bûcherons n'ont rien produit. Ce
n'est guère qu'à Pouembout et à Koniambo, son
annexe, que les résultats ont été un peu plus satisfaisants[1]. » Mais c'est Bourail qui est le principal de
tous les centres de culture. « Bourail date de 1869 ;
ce n'était alors qu'un simple pénitencier isolé au
milieu de l'immense domaine que l'État possède dans
cette partie de la colonie. On y envoya les premiers
concessionnaires. Terres assez fertiles, arrosées par
la Néra, dont l'estuaire, distant de 12 kilomètres,
forme un port excellent. Aucun endroit ne pouvait
être mieux choisi pour tenter l'expérience de la colonisation pénale. Aujourd'hui quatre cents familles
environ, composant une population de 1650 personnes,
sont installées — concessionnaires urbains et concessionnaires ruraux — dans le bourg et dans la plaine[2]. »

Les concessionnaires ruraux occupent des domaines
de 4 ou 5 hectares, où, en dehors des cultures
vivrières, ils se sont occupés surtout jusqu'ici de la
culture de la canne à sucre : elle ne donne pas de
meilleurs résultats qu'en Guyane. L'usine à sucre de
Bacouya devait jadis utiliser les produits des concessionnaires, à la suite d'un traité passé avec l'administration, qui dut l'acheter, ne pouvant remplir ses
engagements. Il paraîtrait d'ailleurs qu'aujourd'hui,
désabusée par cette tentative, elle l'aurait abandonnée.
Aussi les concessionnaires se mettent-ils, maintenant,
avec ardeur à la culture du café, sous la haute direction des agents administratifs de culture; elle demande

1. A. BERNARD, *op. cit.*
2. MIMANDE, *Criminopolis.*

un temps assez long pour être rémunératrice ; mais, ce temps passé, elle dédommage amplement le colon. Le concessionnaire, pour concilier les engagements qu'il a pris avec l'administration — mise en culture, paiement d'une rente — et les soucis de son établissement, doit partager son lot en deux parts, l'une destinée aux plantations de café, l'autre donnée aux cultures vivrières ou à l'élevage du bétail, des porcs ou des volailles qui lui assurent un bénéfice immédiat. Des concours agricoles ont même permis de démontrer les progrès accomplis et de provoquer l'émulation. Les concessionnaires urbains exercent à Bourail les professions de maréchal-ferrand, sellier, épicier ; les libérés sont généralement cabaretiers. Situation immorale, car « la plupart du temps, c'est avec un argent illégitimement acquis, avec le produit même de son crime que le condamné arrive à monter son commerce. C'est avec des ressources acquises au prix du déshonneur qu'il arrive à se constituer une honnête aisance, parfois, cela s'est déjà vu, une fortune »[1].

Les transportés impropres à la culture et qui n'ont pas été cédés en qualité de « garçons de famille » aux propriétaires urbains, ou en qualité d'assignés aux propriétaires ruraux[2], sont employés dans les industries et particulièrement aux usines de nickel qui, à Thio, en ont employé jusqu'à 800. Là, avec l'application de la discipline des bagnes, l'emploi de la main-d'œuvre pénale s'est montrée vraiment utile : c'est « l'antique condamnation *ad metallum* » : il s'est

---

1. PIERRET, *Transportation et colonisation pénale*, Paris, 1892.

2. « Lorsqu'on parcourt la brousse, on rencontre souvent, le dimanche, par les chemins, des groupes ainsi composés : un colon, sa femme, ses enfants, deux ou trois condamnés.... ; les enfants jouent.... avec les condamnés et la mère contemple ces ébats d'un œil attendri ». MIMANDE, *op. cit.*

trouvé malheureusement que ce mode d'emploi était réglé par des contrats léonins et inacceptables.

Quant aux relégués, ils sont cantonnés à l'île des Pins, dans le plus beau pays que l'on puisse rêver. De l'île, trois détachements sont envoyés sur la grande terre ; à la Ouamenie, à la baie de Prony et à l'île aux Lapins ou îlot Brun.

Quant aux libérés, il n'est guère facile de déterminer leur emploi et leurs occupations. L'instabilité et la passion du vagabondage empêche d'utiliser ces 3500 individus. Leur nombre, qui s'accroît chaque jour, augmente aussi le danger qu'ils présentent pour l'île ; en 1890, plus de 300 étaient l'objet de condamnations. Presque tous, d'ailleurs, viennent finir tristement à la presqu'île Ducos, à la prison, à l'hôpital ou à l'asile.

Tel est l'ensemble des établissements pénitentiaires qui occupent la plus grande partie utilisable de l'île canaque. Ils ont coûté, de 1863 à 1892, environ cent millions aux budgets de la Métropole. Que leur ont-ils rapporté ? Outre la construction et l'installation de tous les services pénitentiaires, dont l'ensemble est évalué à environ 2500000 francs — ce qui paraît exagéré[1] —, 120 kilomètres de routes ont été tracés par les condamnés, et, sur 122000 journées de travail cédées, 31500 seulement l'ont été à titre onéreux. A côté du fardeau énorme du Budget, ces résultats pèsent peu. « Il est absolument regrettable, dit le rapporteur du Budget des colonies pour 1898[2], de constater combien le travail de ces derniers (les transportés) rapporte peu à l'État puisqu'il n'est compris aux ressources générales du budget que pour une somme de 600 000 francs représentant pour 12000 condamnés ou rele-

1. V. CHAUTEMPS. *Rapport du budget des colonies,* pour 1893.
2. M. RIOTTEAU.

gués une somme de 48 francs par tête ». L'administration a-t-elle fait le nécessaire pour réduire les dépenses à de justes limites ?

Ce marasme de la Nouvelle-Calédonie, et, en même temps, de la colonisation pénale, tient, en effet, à des causes multiples, dont les unes sont très générales et les autres très spéciales. Au-dessus de toutes, se place le désir qui tient l'administration pénitentiaire d'être aussi indépendante que possible, d'être seule maîtresse sur son fief et de n'agir que selon son bon plaisir. « Dès le premier jour, s'écriait naguère M. de Lanessan, l'administration pénitentiaire en Nouvelle-Calédonie n'a qu'une seule préoccupation : se créer une situation aussi indépendante que possible, non pas seulement vis-à-vis du pouvoir parlementaire, mais aussi du Gouvernement », et un professeur de droit peut répéter : « On ne peut attendre que des mesures fâcheuses de la part d'une administration dont la principale préoccupation n'est souvent que de se rendre indispensable, de se créer une situation aussi indépendante que possible, non seulement vis-à-vis du pouvoir parlementaire et du Gouvernement républicain, mais aussi vis-à-vis des autorités locales et du Gouverneur. Le dualisme qui existe notamment entre l'administration et le Gouverneur ne peut produire que de funestes résultats[1]. » — Aussi bien, affirmant ainsi sa personnalité, l'administration a cru pouvoir tout faire par elle-même. Comme à la Guyane, son activité immodérée s'est appliquée à la construction des fermes, au défrichement de la brousse, comme à la confection des chaussures, des

---

1. *Transportation et colonisation pénale à la Nouvelle-Calédonie*, par L. BEAUCHET, *Revue politique et parlementaire*, janvier et mars 1898.

instruments aratoires et même des reliures pour le compte de la « Pénitentiaire ». De cette quantité de travaux dissemblables, il n'est résulté que confusion et médiocrité. La principale conséquence de cette dispersion a été fatale à la colonie, qui pouvait espérer de la main-d'œuvre pénale une préparation et un outillage. Il est malheureux d'être forcé de l'avouer : il n'y a pas eu de travaux publics exécutés à la Nouvelle-Calédonie. Nouméa ne possède, disait déjà M. Moncelon[1] en 1886, « à peu près pas de routes, pas de ponts, de jardins, de pépinières ». « Les places et les rues sont des cloaques, la ville n'a pas d'égouts, sa caserne d'infanterie laisse aller sés déchets sur la voie publique. » « Il n'y a ni docks, ni bassins, ni chantiers, ni ateliers de construction, ni ateliers de réparation. » Et M. Chautemps, répondant à une note fournie par l'administration elle-même, peut s'exprimer ainsi : « Il y est question pour la Nouvelle-Calédonie de 200 kilomètres de routes carrossables ; en réalité, il n'y en a que 120, dont une vingtaine au moins ont été faits par les disciplinaires ; sur les 100 qui restent, les forts charrois sont impossibles, les routes s'effondrant sous le poids des grosses voitures. Il y a, en ce moment, une cinquantaine de kilomètres en cours de construction ; c'est un entrepreneur qui les construit aux frais de la colonie et à l'aide de la main d'œuvre pénale. Les quais de Nouméa sont moins avancés que ne le dit la note. Nous ne contestons pas que l'administration ait accumulé pour elle-même une prodigieuse quantité de moëllons...[2] » Les bras de 12 000 condamnés étaient-ils donc inutilisables ?

<hr>

1. *Le bagne et la colonisation pénale à la Nouvelle-Calédonie*, 1886.
2. *Rapport sur le Budget des Colonies* pour 1893. — L'administration pénitentiaire est en délicatesse avec la municipalité de Nouméa ; les condamnés à la double chaîne de l'île Nou cassant

L'administration, maîtresse de son domaine, voulait pourtant les employer. Il lui fallait peupler ces vallées fertiles qu'elle occupait sur toute la surface de l'île. On créa donc des centres agricoles, des fermes, où les condamnés aux travaux forcés apprennent l'art du parfait colon. L'administration a longtemps persévéré dans cette voie; elle a dépensé beaucoup d'efforts, beaucoup plus d'argent et n'a pas réussi. La culture de la canne à sucre, le peu d'activité des concessionnaires, leur ignorance des choses de la terre, autant d'éléments qui devaient anéantir les plus chimériques espérances. Et le Gouverneur actuel de la Nouvelle-Calédonie a pu dire[1], d'après une statistique faite sur son ordre, que des cent premières concessions, il n'en restait guère que dix-neuf dans les mains de la famille du propriétaire primitif. Tels sont les résultats des tentatives agricoles au point de vue purement pénitentiaire. Au point de vue économique, il y en a d'autres plus inquiétants : de toutes ces vallées fertiles, de tous ces domaines cédés aux forçats, n'aurait-il pas mieux valu faire de larges concessions pour les immigrants libres que tout attirait dans l'île, excepté la proximité du bagne?

Si encore la colonisation libre avait profité de l'assignement, elle aurait peut-être obtenu des résultats pratiques et conformes aux espérances du législateur. Mais les contrats de main-d'œuvre sont intervenus dans de telles conditions, on l'a vu, qu'ils sont maintenant couverts d'un discrédit qui n'autorise plus leur usage avec les mêmes facilités qu'autrefois.

Sans doute, aujourd'hui, le domaine pénitentiaire a été réduit à de plus justes proportions, sans doute,

des pierres destinées aux routes, la municipalité les refuse et va les chercher à Sidney.

1. *Bull. de la Société des Prisons*, 1897.

les décrets récents qui régissent les bagnes ont cherché à atténuer le pitoyable effet produit ; sans doute, comme le dit le rapport qui accompagne l'un d'eux, « il est permis de supposer que dans les nouvelles conditions le choix de l'administration trouvera à s'exercer plus judicieusement et que les condamnés placés en concession s'appliqueront par leur tenue et leur labeur à conserver la situation privilégiée qui leur aura été faite »; sans doute, un Sous-Secrétaire d'État a pu promettre à la Chambre que « la plaie des bagnes ne souillera plus de sa gangrène un des plus beaux pays du globe[1] »: toutes ces mesures réveilleront-elles la Nouvelle-Calédonie de la torpeur où elle s'est assoupie pendant plus de trente ans?

Ce qu'il aurait fallu, à la Nouvelle-Calédonie, c'était dès le début laisser cette belle colonie à l'émigration libre, aux travailleurs honnêtes et actifs qui vont au loin apporter leur énergie, et que tout y appelait. Au surplus, puisqu'il avait été décidé qu'elle deviendrait une colonie pénale, il était nécessaire d'employer la main-d'œuvre à assurer la préparation et l'outillage de la grande île canaque, à lui faire opérer des défrichements dans la brousse, préparer des lots de terrain et des concessions, non pour l'administration pénitentiaire, mais pour les colons libres; il aurait fallu pourvoir le port de Nouméa — « assez grand pour contenir plusieurs flottes et les défendre contre les tempêtes et contre l'ennemi par sa double ceinture de récifs[2] » — de quais, de radoubs, de cales sèches, et de wharfs,

---

1. Colonel MONTEIL, *Vingt années d'expansion coloniale, Revue Bleue*, 1897.

2. « Actuellement notre marine ne possède plus en Océanie un seul port où elle puisse ravitailler et réparer ses vaisseaux : une hélice vient-elle à se fausser, une pièce de machine à se briser, il faut avoir recours aux ateliers anglais et aller prendre son tour pour entrer dans un bassin australien. » P. MIMANDE, *Criminopolis.*

et en faire notre point d'appui dans le Pacifique. Et quand tous ces travaux auraient été exécutés, au bout de dix ans, peut-être quinze, l'émigration libre prenant peu à peu possession du territoire préparé pour elle, il aurait été temps de lui laisser la place nette, et de chercher ailleurs un domaine pénitentaire. On ne peut que regretter aujourd'hui qu'une pareille mesure n'ait pas été prise. Il est temps encore de s'y résoudre. Et quoiqu'il ait été dit que « les émigrants honnêtes et de bonne volonté se mettent en grève » — n'est-ce pas justement à cause de la transportation? — il est nécessaire que la transportation pénale évacue la Nouvelle-Calédonie, que cette colonie soit rendue à la destination qui est la sienne. Qu'on la laisse donc à l'immigration libre et qu'on n'ait plus à regretter que « la colonisation pénale, au lieu d'être l'auxiliaire et la servante de la colonisation libre, l'ait restreinte et étouffée. Nous avons trop peu de colonies salubres pour qu'on en donne une tout entière à l'administration pénitentiaire et pour qu'on en arrive à ne considérer la Nouvelle-Calédonie que comme un vaste bagne où les colons libres s'arrangeront comme ils pourront entre les Canaques et les condamnés[1] »

§ 3.

Obock. — Le Gabon. — Poulo-Condore. Diégo-Suarez.

En dehors de la Guyane et de la Nouvelle-Calédonie, la France ne possède pour ainsi dire pas de colonies pénales. Celles de nos possessions qu'on va

1. Nicomède, *Bourail.*

avoir à étudier ne sont guère que des dépôts de transportés, sans utilité coloniale et sans avenir.

Aux termes des décrets des 8 mars 1886 « portant
création d'établissements de travaux forcés à Obock»;
3 octobre 1886 « autorisant la transportation à Obock
des condamnés d'origine africaine ou indienne; » 22 octobre 1887, « autorisant l'envoi à Obock des condamnés aux travaux forcés d'origine annamite et
chinoise », notre colonie de l'Afrique orientale a reçu
des échantillons de presque toutes les races orientales. C'était sur les Arabes que l'administration
comptait le plus pour apporter à la colonie un peu
d'activité. Elle espérait pouvoir les employer dans
un pays où ils n'auraient pas à souffrir du climat.
Mais les condamnés trouvaient trop de sympathies
chez leurs coreligionnaires de la côte pour s'attacher
au sol de l'exil. Les évasions furent assez nombreuses
pour nécessiter l'internement des Arabes à la Guyane
française, où ils forment, comme on l'a vu, un
effectif pénal assez considérable. Et il ne reste plus
aujourd'hui à Obock trace de cet établissement.

A la suite du décret du 1ᵉʳ décembre 1887 « portant création au Gabon d'établissements de travaux
forcés », 200 Annamites environ furent envoyés pour
s'essayer à la culture et à l'exécution des travaux
publics. Leur nombre se trouva vite réduit : le climat
de l'Afrique occidentale les terrassait. Pourtant, les
essais, continués jusqu'à ce jour, dans des proportions très restreintes, paraissent avoir donné d'assez
heureux résultats au pénitencier de Thiès. Une partie
du contingent est employée à la construction d'un
chemin de fer, tandis que l'autre, mise au service
de la Compagnie du Haut-Ogooué, se livre à la culture.

Ces Annamites avaient été transférés au Gabon

depuis la désaffectation partielle du bagne de Poulo-Condore. Celui-ci, créé en 1865, pour les condamnés indo-chinois, réglementé en 1890, contenait plus de 2 000 détenus. On y avait établi des fermes, créé des rizières, des poivrières, des pêcheries, construit des ateliers, une briqueterie. L'établissement prospérait[1]. M. de Lanessan déplaça les condamnés pour leur faire exécuter des routes au Tonkin. Et aujourd'hui l'île de Poulo-Condore, qui a occasionné de grosses dépenses, est abandonnée comme établissement de travaux forcés. Il n'y reste plus que des condamnés correctionnels et des réclusionnaires, au nombre de 1 000 environ, employés soit à des travaux dans les ateliers de l'administration, soit, comme coolies, à l'entretien des établissements publics; ils touchent un salaire de trois cents par jour.

Enfin, pour terminer, il faut mentionner, à Diégo-Suarez, l'envoi d'un certain nombre de relégués individuels astreints au service militaire. Le nombre de ces individus a été, en 1896, de 4. L'effectif total, en 1897, était de 26. Jusqu'ici leur conduite n'aurait donné lieu « à aucune remarque défavorable[2]. »

---

1. Il comprenait un quart de Tonkinois, un quart de Chinois, la moitié d'Annamites.
2. V. *Bulletin Société des Prisons*, 1892 et février 1898.

TROISIÈME PARTIE

L'AVENIR DU PROBLÈME

Après avoir dégagé les données théoriques du problème de la colonisation pénitentiaire et recherché les conditions de la combinaison des éléments libres et des éléments pénaux, on se propose d'étudier les systèmes proposés pour la solution de la question. En admettant, avec de nombreux auteurs, le principe des compagnies mobiles, on tentera, dans la conclusion de cette étude, d'en déterminer l'organisation.

CHAPITRE I

Les données du Problème.

Holtzendorff dit quelque part que la transportation offre plus d'avantages au point de vue pénal qu'elle n'en offre au point de vue colonial. Pourtant, il est permis de se demander si le problème de la colonisation pénale est susceptible d'une solution économique et comment il faut envisager cette solution pour qu'elle satisfasse aux intérêts de la répression, en même temps qu'à ceux de l'expansion coloniale.

Mais, auparavant, il s'agit d'étudier dans quels termes se pose le problème, quelles sont ses conditions et ses données, préoccupation qui complique singulièrement une telle étude. En effet, de tous les éléments qui y entrent, aucun n'est fixe et immuable; tous varient, selon les contrées et les hommes. Ce que le climat permet dans une de nos possessions est défendu par lui dans une autre : de là, le besoin de monographies.

Pourtant, il est des points sur lesquels tous les écrivains qui se sont préoccupés de la colonisation pénale ont été d'accord : ils ont tous déterminé les inconvénients qu'il faut fuir, et les fautes qu'il faut éviter. Le premier péril de la transportation, au point de vue métropolitain, résulte de la cherté excessive qui charge nos budgets d'un poids énorme. On a vu que l'Angleterre se plaignait déjà des dépenses occasionnées par l'Australie, au temps où celle-ci n'était encore qu'une colonie de criminels; la France, depuis trente ans, a jeté dans la Guyane et dans la Nouvelle-Calédonie, plus de deux cents millions : chacun des condamnés nous coûte annuellement cinq cents francs[1]. Ce reproche serait mince, si ces charges énormes étaient compensées, sinon par des recettes, au moins par des résultats qui attestent un effort fait pour augmenter notre prédominance dans nos plus lointaines possessions. Sans doute, c'est un axiome d'économie coloniale que l'État colonisateur ne peut jamais rentrer dans ses avances. « La colonisation est, suivant un mot qui a été amèrement relevé, mais qui n'en est pas moins juste, un placement de père de famille. La génération qui sème n'en connaît que les charges; seule la postérité récolte[2]. » Mais si les avances faites, les capitaux prodigués l'ont été dans de telles conditions que l'entreprise coloniale doive, à coup sûr, péricliter; si les générations ont semé dans une terre stérile qui n'a rien produit, alors, il est permis de réclamer contre une institution qui, au lieu de se faire l'auxiliaire de la colonisation, la bat en brèche et anéantit son œuvre. Les millions que nous avons dépensés dans nos colonies de l'Amérique et de l'Océanie n'ont pas été jusqu'ici un placement, mais une dépense nette, et sans compensation.

Aussi bien, cet inconvénient n'est pas le seul. La colonisation pénale présente, au point de vue colonial, un défaut plus grave encore; c'est de vouloir, partout

---

1. *Rapport* sur le budget des colonies pour 1898.
2. A. GIRAULT, *Principes de colonisation et de législation coloniale.*

où elle a pris pied, s'imposer à la colonisation libre, et prendre le pas sur elle. Il faut éviter à tout prix de renverser ainsi les rôles et de donner la suprématie à une institution qui ne possède pas des éléments certains de réussite ; les établissements pénitentiaires, quels que soient les soucis qui président à leur direction, ont une main-d'œuvre trop instable, de valeur trop incertaine, pour être jamais assurés du succès. Ils échappent, en outre, aux mobiles puissants qui provoquent les efforts, à l'intérêt personnel qui est le plus sûr stimulant de l'activité. Donner à un établissement pénitentiaire une place prépondérante dans une colonie, c'est l'inviter à considérer cette colonie comme son fief, à faire une concurrence déloyale et terrible aux immigrants libres, et à étendre son domaine dans des conditions nuisibles aux intérêts généraux de l'expansion. Les colons, voyant que les terres les plus faciles à cultiver, sont réservées aux travailleurs du bagne, sont découragés, et refusent de s'engager dans une voie où ils pressentent trop d'obstacles. Cette tendance à s'étendre, à occuper peu à peu des colonies tout entières, on l'a vue en Russie, où les déportés de Sibérie forment l'objet de tant de réclamations de la part des écrivains et des hommes publics. On l'a vue, en Australie, où la transportation vivrait encore aujourd'hui sous le régime du *fara da se* si les colons libres n'avaient pas énergiquement exprimé leur revendication. Holtzendorff, dans son beau livre[1], prend la peine de discuter en de longues pages sur le point de savoir si les colonies sont tenues ou non d'accepter les criminels que leur envoie la Métropole. C'est que le souvenir de la Nouvelle-Galles du Sud s'imposait à sa

1. *Die Deportation als Strafmittel*, Berlin, 1859.

mémoire ; question de droit public, tenant seulement
aux traditions anglo-saxonnes de *self-government* qui
sont loin d'être celles de tous les États. Mais Holtzendorff oubliait qu'en dehors de toute question politique,
l'Australie avait produit ce grand exemple d'une possession assez énergique pour s'opposer à l'envoi des
convicts, le jour où la colonie n'a plus eu à les utiliser. C'est ainsi qu'aurait dû agir la Nouvelle-Calédonie
pour s'assurer un avenir plus brillant et des destinées
plus heureuses. Quoique ce soit un lieu commun de
parler du « continentalisme » des Français, il n'aurait pas manqué de colons pour venir occuper cette
merveilleuse colonie ; l'insécurité, le manque de préparation, les en chassent aujourd'hui. — Si l'État,
conscient des besoins de ses possessions, n'écarte pas de
lui-même la colonisation pénale à un moment donné,
ou bien la colonie restera une colonie pénale, et uniquement pénale, ou bien l'immigration libre chas-
sera les établissements pénaux : résultat improbable
si les colons ne sont pas assez fortement organisés,
pas assez nombreux pour résister à une institution
étatique qui a pour elle la loi, l'autorité et l'argent.

Enfin, même en admettant le cas où il aurait été
possible de combiner les deux sortes de colonisation, il
y a un autre inconvénient à éviter : c'est de vouloir
établir, dans des contrées différentes, la transportation
selon un plan préconçu et identique. C'est le tort des
législations trop formelles de vouloir adapter au même
cadre toutes les applications de la loi. Les conditions
climatériques qui imposent un genre de vie spécial,
les genres de culture, qui demandent des soins différents, les populations indigènes des colonies, qui
commandent des relations diverses, tout en un mot
empêche la transformation de s'appliquer partout, de
la même façon, aux moules fournis par l'administra-

tion et de faire corps avec eux. Quand ce phénomène d'une même législation appliquée à des possessions différentes se produit, il se manifeste par une application incohérente des méthodes, d'où résulte, avec de pitoyables tâtonnements, l'inutilité des efforts.

Il y a donc lieu de rechercher dans quelles proportions et jusqu'à quel moment peut s'effectuer la combinaison de la colonisation libre et de la colonisation pénale. C'est la grosse difficulté du problème de savoir jusqu'à quel point la main-d'œuvre pénale peut être utile à l'immigration libre et quand il lui faut céder la place. La question se trouve compliquée par la diversité des possessions coloniales et par l'état qu'elles présentent. Des distinctions s'imposent. S'agit-il d'une colonie nouvellement acquise, trop peu connue encore ou insuffisamment préparée pour recevoir des colons, l'administration pénale peut en prendre possession et s'y établir. En se faisant le pionnier de la civilisation dans une contrée vierge encore, elle rendra de grands et réels services : elle défrichera la brousse, construira des routes, creusera des ports. A sa suite viendront s'établir une foule de petits industriels qui prendront contact avec la colonie et formeront les premiers éléments de sa population. C'est ce qui s'est passé pour l'Australie, où les convicts, maîtres absolus de l'île, ont préparé par leurs travaux les voies de la civilisation. C'est ce qui s'est produit, pendant les premières années de l'occupation, pour la Nouvelle-Calédonie encore inconnue de l'émigration libre. Mais, du jour où les colons arrivent, du jour où des hommes libres occupent des concessions, c'est le devoir de l'administration pénitentiaire de leur laisser la place pour leur permettre d'accomplir l'œuvre d'expansion. Autrement, si l'un des deux éléments ne chassait pas complètement l'autre, il y aurait au moins lutte entre eux : les divisions intérieures sont le pire fléau qui puisse atteindre les sociétés naissantes.

Mais le cas le plus fréquent est celui d'un pays qui, usant de la transportation, n'a pas de colonies encore inexploitées laissant à la main-d'œuvre pénale un champ d'action en quelque sorte illimité. Dans cette situation, que faire des *convicts,* à quel emploi les utiliser? On a vu à quels dangers on s'exposait en les plaçant dans un pays où la colonisation libre a déjà su trouver sa place. Le seul moyen, alors, d'attribuer une valeur à la main-d'œuvre pénitentiaire, c'est de l'employer à assurer l'outillage des colonies, à leur offrir les moyens de se développer sans entraves. Du pénitencier ou dépôt colonial où ils ont été transférés après leur condamnation et où a été commencé leur apprentissage de la vie coloniale, les transportés sont convoyés vers les colonies qui demandent le secours de leurs bras. Là où manquent les wharfs, les cales sèches, les bassins de radoub, les phares, les routes, les ponts, les canaux, les chemins de fer, ils iront, momentanément, concourir au développement des colonies.

Et pourtant quelles espérances fonder sur ce condamné, qu'on a décrit, au bagne, comme un personnage hypocrite et falot, paresseux avant tout, aussi insusceptible d'initiative que d'énergie? Sans doute, c'est bien là l'aspect qu'il présente, dans les établissements pénitentiaires après des années passées dans l'une des trois classes où il expie son crime, par des travaux — qu'il sait souvent inutiles — mécaniquement répétés chaque jour. Mais, « comme le démontrèrent les savants de la médecine contemporaine, le malfaiteur est un homme, voué par son tempérament ou son atavisme, à des essors d'énergie que les conditions sociales du temps entravent. L'élément humain qui fournit autrefois les mercenaires, les hommes des grandes compagnies, les reîtres et les lansquenets, ne peut aujourd'hui dépenser son audace[1] ». Ou s'il la dépense, c'est presque toujours au mépris des lois. La plupart des condamnés aux travaux forcés sont des dominateurs, au courage féroce, doués d'un excès de vitalité qui veut s'affirmer par des actes violents : l'exécution de grands travaux publics, présentant un intérêt colonial de premier ordre, satisferait mieux leurs instincts que l'exaspération du travail quotidien du bagne[2].

Une question reste en présence : celle de savoir s'il faut demander aux condamnés la fondation d'une famille et si l'on peut espérer d'eux une descendance utile. Longtemps, la question a été considérée comme tranchée par l'exemple de l'Australie, colonisée et peuplée par les convicts. Mais depuis on s'est aperçu que la colonisation pénale n'avait guère pu se reproduire dans un pays où l'absence de femmes était l'objet de perpétuelles réclamations et la cause des plus grands désordres : et l'on est aujourd'hui convaincu que la race des convicts ne s'est mêlée qu'en proportion minime à celle des immigrants. La question reste donc entière, et se trouve partagée entre deux théo-

---

1. PAUL ADAM, *Journal* du 19 octobre 1893.

2. M. de Talleyrand ne disait-il pas déjà (*Essai sur les avantages à tirer des colonies nouvelles*) : « Il faut s'occuper de créer des colonies nouvelles... en attachant à ces entreprises tant d'hommes agités qui ont besoin d'action... » Cf. D' M. DE FLEURY, *Revue du Palais*, mai 1897 : « Il se pourrait fort bien que la cessation actuelle des guerres d'Europe fût momentanément, une des causes de la multiplicité des meurtres... Beaucoup d'hypersthéniques y trouvaient l'assouvissement de leur nature querelleuse... »

rics. La première accepte le type du criminel-né et veut, par conséquent, que l'union du criminel à la criminelle ne donne que des produits nécessairement dégénérés et pervertis. La seconde, si elle n'admet pas le type du criminel-né, accepte qu'il y ait des individus, troublés par des perversions, et d'une étiologie douteuse : ce sont des individus qui donneront naissance à des produits déchus; mais, alors les enfants, au lieu d'être le résultat d'une hérédité, sont le commencement d'une race dégénérée. Il en résulte donc que l'union des criminels — si amendés qu'ils puissent être — ne peut donner que des résultats au moins médiocres et sur lesquels il ne paraît pas y avoir lieu de fonder des espérances.

CHAPITRE II

Les systèmes proposés.

————

Devant la médiocrité des résultats présentés par la transportation pénale française, et sous l'influence des idées qu'on vient d'exposer et qui se sont fait jour depuis une dizaine d'années, l'opinion publique s'est émue. Beaucoup d'écrivains, d'hommes politiques, de « coloniaux » ont étudié la question et ont cherché la solution qu'elle pouvait comporter, en essayant de réorganiser les colonies pénitentiaires. Leurs opinions se distinguent selon qu'il s'agit de la mise en valeur des éléments — ou de la mise en valeur des colonies.

En ce qui concerne la mise en valeur des condamnés, la théorie la plus ancienne est celle qu'a toujours préconisée l'administration pénitentiaire elle-même. On sait en quoi elle consiste : l'administration, indépendante, maîtresse absolue sur son domaine, n'a à obéir ni aux vœux des colons, ni aux vœux des autres administrations. Elle proteste même contre la surveillance des Gouverneurs. En revanche, elle tâche à faire par elle-même tout ce qui est nécessaire à son installation, et à sa subsistance. Elle demande, comme en 1876, la création d'un budget sur ressources spé-

ciales qui lui doive assurer l'indépendance financière.
Enfin c'est en suivant le système de la régie qu'elle
utilise la main-d'œuvre des condamnés : l'entreprise
soumettrait sa personnalité à des influences étrangères. Sans doute, cette attitude d'isolement est
bien celle qu'il convient d'avoir au début d'une installation dans une possession inconnue. Mais quand
la colonisation libre a su prendre une place importante, quand les services publics sont venus, en
conséquence, s'établir aussi, il y a bien quelques
réserves à faire sur la légitimité d'une pareille tendance. Si encore la colonie pénale était nettement
séparée de la colonie libre, si jamais aucuns rapports
ne devaient s'établir entre les colons libres et les
condamnés, cette doctrine d'isolement serait accep-
table : l'administration pénitentiaire en serait quitte
pour écrire sur sa porte : « Le public n'entre pas
ici[1]. » Malheureusement, ce n'est pas ainsi que
peuvent toujours se passer les choses. Si, à la Guyane,
il est possible d'établir un domaine pénitentiaire
séparé nettement de la colonie libre en prenant, par
exemple, pour cet usage, tout le territoire qui s'étend,
depuis la mer jusqu'à une frontière donnée, entre les
rives de la Mana et du Maroni, en ajoutant même, à
la rigueur, une zone neutre pour rendre tout contact
impossible avec la population saine, la Nouvelle-
Calédonie se refuse absolument à une semblable
organisation. Les parties cultivables, l'orientation des
vallées, tout concourt à concentrer dans de certains
espaces l'œuvre coloniale. Et la carte montre assez
bien le domaine pénitentiaire, morcelé à l'infini, et
disséminé dans toutes les parties de l'île. Là, « il
faut à tout prix que l'administration pénitentiaire

1. Mimande, *op. cit.*

cesse de former au sein de la colonie un Etat dans
l'Etat et que les conflits incessants dont sa présence
est la cause prennent fin[1]. »

Cette théorie de l'indépendance absolue de l'administration pénitentiaire n'est plus admise aujourd'hui.
On lui préfère, ou, pour mieux dire, on tolère un
système qui n'en est que l'atténuation. L'administration se voit forcée d'entrer en rapports avec l'élément
libre de la colonie, puisqu'elle lui livre ses transportés
devenus domestiques ou ouvriers ; elle les confie aussi
à des entrepreneurs pour l'exécution des travaux publics. Par l'assignement, elle se procure des bénéfices
pécuniaires qui peuvent alléger le fardeau de ses dépenses, et, en même temps, elle se trouve débarrassée
de la subsistance des forçats.

Ce système, appuyé par l'exemple de l'Australie,
pourrait peut-être apporter d'excellents résultats, si
l'administration pénitentiaire ne l'avait discrédité par
une pratique douteuse des contrats d'assignation. On
l'a déjà vu, les conditions dans lesquelles ils étaient
passés étaient capables d'éveiller les soupçons chez
les esprits scrupuleux. Faire des condamnés aux travaux forcés une « monnaie fiduciaire », c'était outre-
passer les intentions de la loi de 1854. De plus, les
juristes se sont préoccupés de la question de l'égalité
des peines et n'ont pas eu de mal à découvrir que la
sévérité du traitement variait avec les employeurs.
Laisser à des particuliers le soin de l'exécution de la
peine, c'était attenter aux principes du droit criminel.
« La société exerçant le droit de punir au nom des
intérêts supérieurs dont elle a la garde, doit apporter
dans l'application de ce droit l'esprit de justice et

1. GIRAULT, *op. cit.*

d'impartialité qui en est non seulement la conséquence, mais la source et la justification[1] ».

Enfin, une troisième théorie, rompant avec les
deux autres, s'affirme depuis quelques années : pro-
duite par des hommes éminents[2], elle se trouve aujourd'hui généralement acceptée de tous. Les condamnés doivent être uniquement occupés à « outiller »
les colonies, à y préparer les voies de la colonisation.
Ils doivent opérer des défrichements, tracer des routes,
creuser des ports. « Travaux d'utilité publique ou de
défense à exécuter, sources de production à développer,
richesses inexploitées à mettre en œuvre, terres encore vierges à préparer pour y recevoir ensuite les
colons dont l'État doit favoriser l'établissement, tel
est le cadre dans lequel on peut faire entrer l'emploi
de la main-d'œuvre.... En un mot, la main-d'œuvre
pénale, exclusivement employée pour le compte de
l'État ou des colonies, peut devenir la préparation et
l'avant-garde de la colonisation libre et de l'émigration. C'est par là que la question pénitentiaire se
rattache à l'œuvre générale d'organisation que nous
devons poursuivre[3] ». — C'est concourir à un but
noble et élevé, qui concilie l'esprit de la loi de 1854
avec les intérêts de la colonisation, que de vouloir
utiliser le condamné, payant sa dette à la collectivité
sociale, à l'expansion de cette collectivité. Seulement,
ici encore, comme partout en matière de colonisation,
naissent les rivalités entre la Métropole et les colonies;
pendant que l'État veut que les dépenses exigées par

---

1. E. Jamais, sous-secrétaire d'État aux colonies. Lettre
adressée le 11 octobre 1892 aux membres de la commission permanente du régime pénitentiaire.
2. Entre autres, MM. Jamais, Leveillé, Leroy-Beaulieu, de
Lanessan.
3. JAMAIS, *op. cit.*

ces travaux soient payées par les colonies qui en profiteront, les colonies résistent et tiennent que, puisque ces travaux concourent à « l'œuvre générale d'organisation », il est injuste qu'elles en supportent les charges. Et, comme souvent, c'est dans des querelles d'amour-propre que sombre cette conception élevée !

Ces théories se trouvent d'ailleurs compliquées par la nécessité d'adopter un régime d'organisation du travail. L'administration, prétendant à l'indépendance, préconisait la Régie : ainsi elle se chargeait et de l'entretien du condamné et de sa mise en valeur. Ce système présentait des avantages au début d'une organisation coloniale où le cercle des travaux à accomplir est forcément limité. Plus tard, avec l'élargissement du champ d'action, il nécessiterait une foule d'agents spéciaux, occupés irrégulièrement, qui pèseraient sur le budget. C'est pourquoi le système de l'entreprise a été admis. L'administration cède alors ses transportés à un concessionnaire qui lui paye une redevance et s'engage à entretenir les ouvriers. C'est l'occasion, pour le budget, d'une économie et, pour la transportation, d'un emploi utile, surtout quand des cahiers des charges, établis d'après un modèle accepté par le département des colonies, règlent les rapports de l'Administration avec les employeurs et de ceux-ci avec les employés. Mais, il est bien difficile, pour des travaux de colonisation, de préjuger la valeur de tel ou tel système : elle dépend seulement des cas où chacun d'eux est adopté : et les derniers décrets concernant l'utilisation des criminels l'ont assez compris pour donner, dans une certaine mesure, les facilités les plus larges à l'administration.

Beaucoup d'esprits distingués, allant plus loin, ont pensé qu'il ne suffisait pas d'organiser seulement la mise en valeur des condamnés, mais qu'il fallait aussi se préoccuper des colonies, que celles de nos possessions où est utilisée la main-d'œuvre pénale, souffrent du contact avec le Domaine pénitentiaire. Ils ont cherché, parmi nos possessions coloniales, s'il n'y en aurait pas pour utiliser la main-d'œuvre pénale selon un mode plus profitable.

C'est un fait évident, disent-ils, que la Nouvelle-Calédonie n'est pas aussi prospère qu'elle devrait l'être, qu'elle est trop étroite pour pouvoir contenir des éléments aussi dissemblables que la colonisation libre et la colonisation pénale, qu'il faut remédier sans délai à une telle situation. Quant à la Guyane, si, malgré l'abondance de ses productions, elle n'a pu présenter de résultats satisfaisants, elle doit l'insuccès de la colonisation pénale, en partie au moins, à son climat et mérite quelques excuses.

On a donc cherché quelle colonie pourrait recevoir des condamnés, dans des conditions telles qu'il leur serait impossible de nuire à la population libre, et facile de rendre d'utiles services en participant à l'exécution des grands travaux publics. L'expérience néo-calédonienne avait, en effet, radicalement ôté toutes les espérances qu'on pouvait fonder sur l'agriculture. Les yeux de tous se tournèrent immédiatement vers l'ouest-africain[1], où l'activité coloniale des vingt dernières années a accompli ses plus grands efforts. Le Sénégal, le Congo, le Bas-Niger réclament des travaux publics. Là, plus que dans aucune de nos possessions, la question coloniale est une question de travaux publics : ils constituent la meilleure prépara-

1. Cf. M. J. DELAFOSSE. Chambre des Députés, 18 janvier 1898.

tion et le meilleur moyen d'assimilation. Pourquoi ne pas faire coopérer les condamnés à de longues peines à ces travaux par lesquels ils expieraient leur crime en contribuant au développement de la « plus grande France » ? Il est question de continuer le chemin de fer de Kayes à Bafoulabé ; pourquoi n'y seraient-ils pas utilisés ? Pourquoi ne les emploierait-on pas aux aménagements que nécessite le Sénégal, à son embouchure, pour être navigable en toutes saisons ? Pourquoi n'iraient-ils pas construire à Dakar, à l'extrémité du Cap-Vert, la jetée qu'elle réclame depuis longtemps ? Enfin, au Congo, pourquoi ne participeraient-ils pas à l'établissement des grandes voies de pénétration dont il a été tant parlé[1] ? Il semble que ce soit bien à eux, qui sont les débiteurs du pays, de payer leur dette en lui ouvrant des contrées inconnues. Malheureusement, il a toujours fallu reculer devant le péril financier : la main-d'œuvre noire, si elle est peu productive, est au moins d'un coût très peu élevé, et ne nécessite pas, comme le feraient les transportés, l'établissement et l'entretien d'un personnel d'agents spéciaux. Et cette idée est restée à l'état de projet, malgré les vœux du Congrès national colonial ; car les essais du colonel Galliéni, au Soudan, appelant quelques libérés « au titre d'ouvriers d'État, pourvus de livrets garantissant l'existence matérielle avec une prime de début de deux francs par jour » ne sauraient se présenter comme l'application d'un système.

Encore, ce ne sont là que des colonies déjà connues, où la France a commencé de s'établir. L'île de Madagascar, au lendemain de la conquête, ne doit-elle pas attirer tous nos soucis d'organisation ? N'y a-t-il pas à y faire, plus que partout ailleurs, un emploi utile

1. Voir sur tous ces points, les délibérations et les vœux du Congrès national colonial.

de la main-d'œuvre pénale ? La question a été déjà posée. En 1896, sur la demande de M. Chautemps, ministre des colonies, le gouverneur général, M. Laroche, se fit adresser par le Directeur de l'Intérieur (par intérim) un rapport sur la question. Le Département des Colonies voulait savoir quel avenir pouvait attendre la transportation dans l'île malgache, et s'il n'y avait pas moyen d'établir un pénitencier dans une petite île située sur la côte ouest, en face du pays des Mahafaly. Le Gouverneur répondit au Ministre que cette petite île ne contenait pas de source pour assurer de l'eau potable, qu'il n'était nul besoin de la transportation dans l'île. Tant était grande la répulsion inspirée par le bagne !

Pourtant il ne manque pas, à Madagascar, de modes d'emploi de la main-d'œuvre, même forcée. Avec la conquête, la confection des travaux publics s'impose : il faut en couvrir l'île pour y assurer notre domination. Il en a déjà été exécuté autour de Tananarive ; mais Tamatave doit être dotée d'un port. Mananjari, sur la côte orientale, est appelée à une importance considérable que lui assurera le trafic du caoutchouc : il faut que les navires puissent s'en approcher, et qu'une route mette ce centre en communication avec le Betsiléo. Fort-Dauphin, Diégo-Suarez, avec sa rade magnifique et ses cinq baies, doivent être aussi mis en valeur ; d'importants travaux militaires doivent y être exécutés. Du port de Voemar, des routes nombreuses doivent rejoindre l'intérieur. Enfin, un chemin de fer, d'un tracé total de 350 kilomètres, doit relier Tamatave à la capitale de l'Emirne, un autre Fianarantsoa à la mer. N'y a-t-il pas là un but utile pour la main-d'œuvre pénale ? Pourquoi des équipes de transportés, organisées comme le sont celles des transportés russes à l'île de

Sakhalin, ne s'échelonneraient-elles pas le long des voies en construction? — Quant à l'établissement permanent du bagne, il présenterait à Madagascar des inconvénients évidents : dans un pays encore insoumis, au moins partiellement, mais non totalement incivilisé, la surveillance serait extrêmement difficile et les évadés pourraient trouver facilement asile chez les indigènes en révolte. — C'est cette même question de la pacification incomplète du pays qui rend encore impossible la mise en concession des libérés : car il les faut tenir éloignés des agglomérations urbaines et des tentations des grandes villes. — Quant à la relégation, qui partout vit en parasite, elle ne serait d'aucun secours à l'œuvre de civilisation et ne mérite pas les frais excessifs d'un établissement nouveau.

Elle a pourtant mérité l'attention d'écrivains qui veulent en débarrasser la Nouvelle-Calédonie, et même la Guyane. L'île de Phu-Quoc, sur la côte occidentale de la Cochinchine, avait été désignée, dès 1882, comme un lieu de dépôt éventuel des récidivistes. Reprise depuis, l'idée de cette destination ne paraît pas devoir aboutir. Phu-Quoc est, en effet, située entre les tropiques et tout travail y est absolument impossible aux Européens. La relégation ne saurait donc qu'y éprouver les atteintes d'une forte mortalité, plus terrible sur des hommes peu valides et sans énergie.

Enfin, une proposition de loi, présentée [1] par MM. Alexandre Girault, Alphonse Humbert, de Mahy, députés, a pour but de transférer les récidivistes aux îles Kerguelen, dont la France a pris possession en janvier 1893. Situées dans la partie australe de l'Océan indien, elles sont inhabitées et d'un accès

1. Le 23 décembre 1897.

difficile. « L'île de Kerguelen possède à son extrémité nord un excellent port, le port Christmas... Au sud, elle possède le port de Greeland... Ces deux ports seraient de la plus grande utilité pour le développement de la pêche à la baleine et aux lions marins le jour où, par suite de l'établissement de la transportation et d'une station maritime à Kerguelen, nos armateurs pourraient y transporter nos farines et nos vins, nos tissus, et, de là, se mettre à la poursuite des cachalots et revenir chargés d'huiles et de peaux. » Malheureusement, il semble que ces avantages, alléchants pour les armateurs, soient peu faits pour faciliter l'établissement des récidivistes. On ne trouverait, dans l'île, d'après les documents géographiques, que des carrières de pierre à bâtir et des gisements de tourbe : de telle sorte que, si le climat est salubre, l'absence de productions rendrait dispendieux l'établissement d'une colonie pénale. Au surplus, il faut attendre, pour conclure sur cette question, que nous soient parvenus des renseignements plus complets. Peut-être, alors, aura-t-on trouvé l'exutoire nécessaire de la récidive.

Tels sont aujourd'hui les projets des esprits qui, s'intéressant à la question de la transportation, voudraient la voir résolue à la satisfaction de tous les intérêts. On vient de voir qu'ils présentaient tous des inconvénients. Pourtant n'y a-t-il point un pas de plus à faire dans cette voie ? Et n'est-il point possible, en définitive, de combiner la réorganisation de la transportation avec les besoins des colonies ?

CHAPITRE III

Conclusion.

Ce principe de la réorganisation de la colonisation pénale, on a cru pouvoir le fixer dans l'institution nouvelle des « brigades volantes », dont la création est préconisée par beaucoup de coloniaux et d'hommes politiques[1]. Enrôlés par groupes plus ou moins nombreux, selon les nécessités du moment, les transportés seraient envoyés dans les colonies où serait nécessaire l'exécution des travaux publics : construction des wharfs, des ports; percement des routes; creusement des canaux; ils subiraient ainsi, conformément à l'esprit du législateur de 1854, la peine de travaux forcés, en se rendant utiles à la cause de l'expansion. — Malheureusement, l'espérance d'une utilisation meilleure de la main-d'œuvre pénale vient se heurter contre un obstacle juridique. Dans son article 6, en effet, la loi de 1854 décide que « tout individu condamné à moins de huit années de travaux forcés sera tenu, à l'expiration de sa peine, de résider dans la colonie, pendant un temps égal à la durée de sa condamnation. — Si la peine est de huit années, il sera tenu d'y résider pendant toute sa vie. » C'est dire

---

1. Entre autres, MM. Leveillé, Dislère, Mimande, de Lanessan, Chautemps.

que dans l'état actuel de la législation, les condamnés se trouvent inutilisables en dehors de la colonie où l'administration les a affectés : c'est dire aussi que le législateur de 1854 fondait les plus grandes espérances sur la stabilité des établissements agricoles où l'administration voyait un moyen de relèvement et de colonisation. On sait quelle fut la médiocrité des résultats obtenus. Aussi bien, grâce aux efforts de l'opinion publique, au talent des écrivains spéciaux qui se sont préoccupés de la question, et aux réclamations produites devant les Chambres, il y a lieu de penser que l'abrogation de cet article 6 aura lieu incessamment, et donnera satisfaction aux nombreux partisans des « colonnes mobiles ».

Cependant, si le principe en a été admis, il s'en faut de beaucoup que leur organisation ait été déterminée. Quelle sera la situation de l'individu condamné à la transportation, du jour où il aura été condamné? Et quel sera le processus de la peine? Autant de questions qui n'ont pas encore été réglées et qui demandent une solution.

Le condamné, comme aujourd'hui, attendra, dans un dépôt, le jour où un navire le recevra pour le conduire aux colonies. Mais, au lieu d'y trier des chiffons, et d'y tresser des nattes de paille, il y sera initié aux éléments de la vie coloniale. Si c'est un « ouvrier d'art », il apprendra quelles sont les ressources de son métier les plus appréciables aux colonies. Si son dossier ne mentionne aucune profession ou si celle qu'il exerce est incompatible avec l'emploi qui lui est destiné, il sera manœuvre ; de telle sorte que, dans la mesure du possible, les transportés seront préparés à leur nouvel état.

Du Dépôt métropolitain, la traversée les conduira

au Pénitencier-Dépôt de Cayenne. La Nouvelle-Calédonie est ainsi délivrée du contact de la transportation et peut alors suivre les voies normales de son développement. Cayenne seule est réservée à la transportation, mais seulement comme dépôt. En attendant qu'ils soient désignés pour telle ou telle colonie, les convicts partagent leur temps, entre les travaux publics si nécessaires à Cayenne pour sa voirie, pour la réfection de ses monuments, et l'extraction des bois forestiers, en vue de laquelle ils sont enrôlés dans des sections mobiles. Grâce à cette organisation la Guyane obtient d'eux et la restauration de ses établissements et la mise en valeur de ses forêts.

Mais les transportés ne demeurent pas longtemps dans ce pénitencier. Après un temps d'acclimatation qui peut durer de trois à quatre mois, et dès que la nécessité de grands travaux publics se fait sentir dans l'une de nos colonies, une colonne mobile, comprenant un nombre d'hommes suffisant pour assurer l'exécution des travaux projetés, est convoyée dans cette possession, et y demeure jusqu'à l'achèvement complet de l'œuvre qui lui a été demandée. Peut-être des colonies, émues par le sentiment qu'inspire partout le voisinage des éléments pénaux, se récrieront-elles contre l'envoi d'une main-d'œuvre de condamnés ; c'est à l'administration de ne pas froisser les susceptibilités des conseils coloniaux, et de doter d'une telle main-d'œuvre celles de nos possessions qui « ne jouissant pas encore d'assemblées électives, n'ont pas besoin qu'on les consulte pour les aider à vivre ou pour les empêcher de périr[1]. »

Ce système, en permettant une utilisation rationnelle de la main-d'œuvre pénitentiaire, concourrait éminem-

1. P. MIMANDE, *Bagnes d'outre-mer*. Revue du Palais, mars 1898.

ment au but pénal poursuivi par la loi, qui, dans son article 2, veut que les condamnés aux travaux forcés soient « employés aux travaux les plus pénibles de la colonisation et à tous les travaux d'utilité publique. » L'organisation intérieure des colonnes mobiles serait identique à celle qui régit le bagne actuellement. Même discipline, même obligation au travail, même nourriture, mêmes châtiments, même cadre de gardiens. Et qu'on n'objecte pas que la création de ces colonnes mobiles serait dispendieuse pour le Budget de la Métropole. Si l'État payait le transport des condamnés d'une colonie à une autre, la colonie jouant le rôle d'employeur, devrait entretenir ses travailleurs forcés, pendant leur séjour. Pas d'établissements à construire, pas de pénitenciers à bâtir, pas de fermes-écoles à installer au prix des plus pénibles sacrifices : les condamnés sont logés dans des cases en bois, exécutées rapidement par eux-mêmes et à peu de frais. De cette mesure, résulterait un dégrèvement des charges budgétaires qui pèsent trop lourdement sur le contribuable. Peut-être alors aurait-il la joie de constater qu'un transporté coûte annuellement moins de cinq cents francs et en rapporte plus de quarante-huit !

Nous venons de voir la première période de la peine, le temps d'expiation : sur les chantiers de travaux publics, les condamnés ont payé une partie de leur dette à la société, et ont pu se trouver régénérés. Il s'agit désormais de les conduire à leur libération. On commencera par leur appliquer un régime de demi-liberté. Rien n'empêche d'ailleurs que les condamnés arrivent à ce résultat avant l'achèvement total de leur peine ; l'exécution de travaux publics dans des contrées particulièrement meurtrières peut, comme on l'a dit, compter comme des campagnes à ces pionniers de la civilisation, et un certain nombre de campagnes peut réduire le temps d'expiation dans une certaine mesure. Un séjour dans un pays équatorial doit présenter plus de mérite qu'un séjour dans une colonie saine et sans dangers. — Bref, au moment où le condamné a atteint l'époque de la « demi-liberté », que ce soit normalement, après un temps passé dans les dépôts et sur les chantiers et égal à la peine édictée, ou que ce soit exceptionnellement, grâce à une réduction obtenue par la conquête de plusieurs « chevrons », il est soumis à un nouveau régime. L' « ouvrier d'art » est dirigé sur les centres d'exploitation qui peuvent avoir recours à ses services, en lui donnant, selon la formule usitée naguère par M. le général Galliéni, le titre d'ouvrier d'État et en lui assurant, pour un certain temps, une prime : l'ouvrier « en fer », l'ouvrier « en bois » sera sûr de trouver rapidement l'emploi de son métier, et, avec le souci d'assurer sa situation et son bien-être, il se montrera digne de la mesure de bienveillance dont il a été l'objet. — Quant aux autres condamnés, l'administration leur concédera, à leur choix, un petit domaine dans quelques-unes de nos possessions, où les agglomérations sont insuffisantes pour constituer un appât sérieux à leurs instincts. Tout l'Ouest-Africain, Madagascar, quand cette île sera pacifiée, offrent pour cette tentative un champ d'expérience où ne seraient à redouter ni un contact blessant pour les colons libres, ni le rassemblement des éléments pénaux. Comme aujourd'hui, le concessionnaire serait tenu de payer une rente légère au Trésor et de pourvoir à sa subsistance. Il se trouverait dans la nécessité de travailler pour ne pas mourir de faim. Cette situation — n'est-ce pas celle de beaucoup d'honnêtes gens ? —

en rompant avec les traditions des bagnes, montrerait la valeur définitive du concessionnaire : après **un** stage de quelques années passées dans cette condition, il apparaîtrait mûr pour la libération. Qu'on ne l'oublie pas, il serait, pendant cette période, soumis encore à la surveillance de l'administration. Ouvrier d'art ou concessionnaire, son livret individuel porterait les contrôles nombreux des autorités locales, auxquelles il serait soumis. Rien n'empêcherait, d'ailleurs, que, seules, ces autorités soient fixées sur le compte du demi-libéré que rien, en somme, ne distinguerait des autres colons, et que son courage, la dignité de sa vie, et la patience de ses efforts pourraient signaler à l'estime de tous. Voilà, peut-être, tout le secret de la régénération ; elle tient plus à l'entourage du travailleur, aux moyens qu'il détient de refaire son existence, qu'à des conditions purement subjectives de repentir et de redressement moral !

Enfin, après cette période de demi-liberté, viendrait l'heure de la libération. Mais il ne s'agit plus ici de cette libération trompeuse qui se trouve inscrite dans la loi de 1854, et qui ne permet pas à celui qui a payé sa dette de sortir de la colonie où il a été interné, quand sa condamnation a été de plus de huit ans. N'est-ce pas rendre la peine plus humaine, plus rationnelle, et plus progressiste à la fois, que de rendre l'usage de la liberté à celui qui l'a normalement rachetée ? — Alors, sa concession lui est remise en pleine propriété. Il a le droit de l'aliéner comme de l'abandonner, mais dans ce dernier cas, l'État exerce sur elle un droit de reprise. — Comme l'ouvrier d'art, au moment de cette mise en liberté, il a le droit de quitter la colonie si des engagements avantageux l'attirent ailleurs. Il peut se rendre où son désir le pousse, excepté dans la Métropole. Tout ce que la loi lui demande alors, c'est de mener une existence honnête, digne des efforts qu'il a faits pour y revenir : au surplus, la première condamnation qu'il encourrait le rendrait au bagne pour de longues années.

Telle est l'économie du système qu'on souhaiterait de voir mis en œuvre. Il place les criminalistes et les économistes sur un terrain de conciliation. En assurant la sévérité des pénalités et en permettant aux condamnés de prouver, à travers des épreuves nombreuses et consécutives, la valeur de leur régénération, il concourt au but pénal de la loi. En rendant à la Nouvelle-Calédonie la place qu'elle mérite parmi nos possessions et en l'affranchissant de la colonisation pénale, en restreignant à de plus justes limites les établissements de la Guyane, en réduisant l'occupation domaniale, en supprimant les fermes-écoles, les exploitations stériles, en faisant, enfin, de la main-d'œuvre pénitentiaire un instrument d'utilité coloniale, il doit satisfaire les économistes. Et par la modicité de son prix de revient, il doit séduire tous les esprits soucieux des finances nationales.

De plus, cette méthode épargnerait vraisemblablement à beaucoup de nos soldats des troupes coloniales le péril des travaux exécutés dans les régions les plus malsaines, travaux plus meurtriers que la guerre elle-même. N'est-ce pas l'infanterie qui a tracé la route de Suberbieville ? et au prix de combien d'existences ? Leur épargne contribuerait, sans doute, à alléger les légitimes soupçons qui pèsent sur le service militaire aux colonies : et là ne résiderait pas la moindre valeur du système.

Le fait, par lui-même, se présente avec une telle évidence qu'on a pu souhaiter la formation d'un corps militaire colonial composé exclusivement de condamnés civils. « D'après le principe du recrutement pénitentiaire, dit M. Paul Adam[1], tout individu condamné à la suite de vol, escroquerie, banqueroute, abus de confiance et meurtre serait mis à la disposition du Ministère des colonies. On l'incorporerait pour cinq, dix, quinze ou vingt ans, selon la gravité du délit, et, lorsque l'application de la loi Béranger ne pourrait avoir lieu, il serait dit « en réhabilitation militaire... Puisque nos gouvernants croient à la légitimité des entreprises coloniales, il appartient de se servir de ces âmes furieuses pour conquérir les territoires incultes des régions chaudes et leur faire rendre plus au bénéfice de l'humanité totale. »

D'autres, sans aller si loin, ont voulu incorporer les récidivistes à l'armée coloniale[2] : « Payer pour payer, il vaut mille fois mieux que ce soit afin d'avoir des soldats nécessaires que pour entretenir des détenus oisifs. » Il paraît cependant difficile de pouvoir fonder des espérances sur cette catégorie de malfaiteurs, constituée, la plupart du temps, par des mendiants et des vagabonds. Le problème de la transportation, s'il demande pour eux une solution, reste ici assez obscur. Leur misère physiologique et leur délabrement ne permettent guère de les utiliser. La solution la plus simple paraît sans doute de les reléguer sur quelque territoire assez éloigné de tout centre pour rester sans relations avec la population libre. Le territoire pénitentiaire de la Guyane, préparé pendant de longues années, arrivé à une période

---

1. Le *Journal*, 19 octobre 1896. Voyez la même idée poussée jusqu'au paradoxe dans les spirituelles *Lettres de Malaisie* du même auteur. *Revue blanche*, 1897.

2. V. *Le Temps*, 23 janvier 1897. L'armée coloniale et le vagabondage, par M. LALOE.

d'assainissement relatif, constituerait leur domaine. Entre les rives du Maroni et celles de la Mana pourraient être cantonnés les établissements de la relégation. Séparés, au besoin, du territoire libre de la colonie par une zone neutre, par une sorte d'interland, peut-être les récidivistes trouveraient-ils, sur ce fief immense concédé à leur activité, le moyen de subsister sans être une charge énorme.

Quant aux femmes, leur transfert aux colonies ne paraît pas devoir apporter une utile contribution à l'œuvre de colonisation. Si, au début de l'occupation néo-calédonienne, le législateur souhaitait de peupler la colonie de colons pénaux, leur envoi pouvait présenter une utilité dans une contrée vierge : mais, bien qu'il soit permis de croire parfois à l'amendement de quelques-unes d'entre elles, et à leurs qualités de ménagères et même de mères de famille, les antécédents qu'elles sont susceptibles de transmettre à leur descendance n'autorise pas à souhaiter leur union avec des libérés. Au surplus, en dehors de tout souci de reproduction, elles présentent une incontestable utilité dans les pénitenciers-dépôts où elles se livrent aux travaux de la couture[1].

Tel est ce système nouveau, dans l'ensemble du projet proposé, concernant l'utilisation des trop nombreux condamnés qui encombrent nos établissements pénaux. Avec lui, la main-d'œuvre pénale devient un « service accessoire de l'administration coloniale »

---

1. Il faut joindre à ces projets celui de la « transportation volontaire » proposé et en 1885 et dans la réforme du Code pénal. Le condamné ayant exécuté les trois quarts de sa peine pourra demander sa libération conditionnelle et être envoyé aux colonies, où il restera soumis à des mesures de police. On trouve encore dans ce projet l'obligation de résidence qui donne toujours naissance aux agglomérations de libérés. Et là encore, n'y aurait-il pas lieu de disséminer ces nouveaux colons pénaux ?

qui emploie les transportés selon les besoins des colonies. Ainsi sont mis à leur service plus de douze mille bras qui, jusque-là, étaient restés à peu près inutiles. Sans doute, cette méthode répond assez mal aux traditions de sentimentalisme et de philanthropie qui, venues du dehors, se sont depuis longtemps acclimatées en France. Cependant, elle croit, en épargnant la vie des jeunes soldats dans nos plus lointaines possessions, se rendre utile à la cause de l'humanité ; elle évite de lourdes dépenses au budget national ; enfin, elle concourt à l'œuvre d'expansion coloniale qui exige tant d'efforts et demande tant de persévérance. Au surplus, si la question coloniale se présente avant tout comme une question de travaux publics, l'utilisation de la main-d'œuvre pénitentiaire lui est intimement liée. C'est assez dire son intérêt.

BIBLIOGRAPHIE

Sources. — Documents législatifs. *Bulletin des Lois.* — Duvergier, *Recueil des Lois.* — *Lois, décrets et règlements relatifs à la Transportation et à la Relégation, 1894.* — *Législation comparée de* **von Listzt**, publiée par l'Union internationale du Droit pénal. Ministère de l'intérieur, *Services pénitentiaires, Lois, Décrets, règlements, circulaires,* 1896.

Documents parlementaires. *Journal Officiel* de la République française, — de la Nouvelle-Calédonie, — de la Guyane. Enquête parlementaire sur le régime des établissements pénitentiaires : *Rapport* présenté par le vicomte d'Haussonville, 1874, *Rapport* des Cours d'appel, 1873, *Procès-verbaux de la Commission,* 1873. — *Reports* from select comitties on secondary punishments 1831-1832, 1863.

Notices : *Notice* sur la Transportation à la Guyane française et à la Nouvelle-Calédonie pour les années 1871, 1872, 1873, 1874 et 1875, 1877 ; pour les années 1878 et 1879, 1883 ; pour les années 1880 et 1881, 1884 ; pour les années 1882 et 1883, 1885 ; pour les années 1884 et 1885, 1887.

Notice sur la Relégation à la Guyane française et à la Nouvelle-Calédonie pour les années 1887, 1889 ; pour les années 1888, 1889 et 1890, 1892 ; pour les années 1890, 1892 et 1893, 1897 ; pour les années 1894 et 1895, 1897.

Journaux et Revues. — *L'Année Coloniale, le Néo-Calédonien, la Quinzaine Coloniale*. — *Bulletin de la Société des Prisons, Économiste français, Revue Bleue* (18 décembre 1897), *Revue des Deux-Mondes* (1er février 1843, 15 août 1845, 1er novembre 1871, 1er février 1873), *Revue Britannique* (septembre 1826, octobre 1862), *Tribune des Colonies et Protectorats, Revue politique et parlementaire* (janvier et mars 1898), *Revue du Palais* (mars 1898).

Travaux. — **Beaumont** et **Tocqueville**, *Colonies pénitentiaires*, 1832. — **A. Bernard**, *L'Archipel de la Nouvelle-Calédonie*, 1895. — **De Blosseville**, *Histoire de la colonisation pénale et des établissements de l'Angleterre en Australie*, 1859.

Cauwès, *Cours d'Économie politique*, 4 vol. 1893. — **Collin's**, *Account of the English Colony of New South Wales*. — **Cor**, *Contribution à l'étude des questions coloniales, de la transportation comme moyen de répression et comme force colonisatrice*, 1895.

Dubois (**M.**), *Systèmes coloniaux*. — **Dunmore Lang's**, *Historical account of New South Wales*. — **J. Duval**, *Les colonies de la France*.

Foinitski et **Bonet Maury**, *Transportation russe et anglaise*, 1895.

Guyot (**Y.**), *Lettres sur la politique coloniale*, 1897. — *Guide de l'Émigrant à la Nouvelle-Calédonie*, publié par l'Union coloniale. — **Girault** (**A.**), *Principes de Colonisation et de Législation coloniale*, 1895.

Holtzendorff, *Die deportation als Strafmittel*, 1859.

Kennan, *Siberia an the exil system*, 2 vol., 1891.

Lanessan, *L'expansion coloniale de la France*, 1886. — **Lemire**, *Colonisation française en Nouvelle-Calédonie et dépendances*, s. d. — **Leroy-Beaulieu** (**P.**), *Colonisation chez les peuples modernes*, 1891. — **Leseur**, *Cours de Législation coloniale professé à la Faculté de droit de Paris*, 1896-1897. — **Leveillé**, *La Guyane*, dans la France coloniale, de A. Rambaud, 1893, *La Guyane et la colonisation pénitentiaire*, 1886. — *Cours de législation coloniale*, professé à la Faculté de droit de Paris, 1892-1893.

Michaux, *Question de peine*, 1875. — **Mimande** (**P.**), *Criminopolis*, 1897, *Forçats et Proscrits*, 1897. — **Moncelon**, *Le Bagne et la colonisation pénale à la Nouvelle-Calédonie*, 1886.

S. M. Oscar II, *Des Peines et des Prisons*, 1872.

Pauliat, *Politique coloniale*. — **Pierret**, *Transportation et Colonisation pénale*, 1892. — **La Pilorgerie**, *Histoire de Botany-Bay, état présent des colonies pénales de l'Angleterre en Australie*, 1836.

Raynal, *Histoire philosophique et politique des établissements de commerce des Européens dans les deux Indes*, 1783. — **Reclus**, *Géographie universelle*, 1873 à 1889.

Saleilles, *Cours de législation pénale*, professé à la Faculté de droit de Paris. — **Schrader**, *Géographie moderne*.

Tchetchov, *Ostrof Sakhaline*. — **Teisseire**, *Colonisation pénale et Relégation*, 1893.

Villaz, *Journal d'un émigrant à la Nouvelle-Calédonie*, 1897. — *Voyage du Gouverneur Philipp à Botany-Bay, avec une description des colonies de Port-Jackson et de l'île de Norfolk*, 1782. — **Mgr Whately**, *Thoughts on secondary punishments*, 1832.

TABLE DES MATIÈRES

PREMIÈRE PARTIE

LES PRÉCÉDENTS

§ 1. — Premières expériences de colonisation pénale en Angleterre. Influence de la révolte des colonies de la Nouvelle-Angleterre. La Nouvelle-Hollande désignée pour recevoir les criminels. — Départ du capitaine H. Philipp et de la flotte le 13 mai 1787. — Botany-Bay, Port-Jackson, l'île de Norfolk. — Pénibles débuts de la colonie. — Projet de colonisation libre. — Progrès de la colonie; elle attire les premiers colons libres. 18

§ 2. — Le Gouverneur Macquarie. — Exécution de grands travaux publics. — Concessions accordées aux libérés. — L'assignement, le ticket of leave. — Développement de la colonisation libre vers 1820. Crise dans la colonie. — Ravages de l'alcoolisme et de la débauche dans la colonie pénale. — L'île de Norfolk et les bush'rangers........ 28

§ 3. — Revirement dans l'opinion et la législation vers 1825. — Ses causes. — Une commission d'enquête se prononce pour la transformation du système des peines. — Mouvement d'opinion, polémiques. L'Australie orientale s'oppose à la transportation : l'anti-transportation league. — Ses causes. — Développement de la colonisation libre. — Lois du 17 juillet 1837, du 19 novembre 1839. — Ordre du Conseil du 22 mai 1840 abrogeant la transportation dans la Nouvelle-Galles du Sud.

Les colons de l'Australie occidentale demandent des convicts, bientôt

DEUXIÈME PARTIE

LA FRANCE

Les origines de la transportation. — Jacques Cartier. — L'Acadie. — La Nouvelle-Orléans. — Le Kourou.

Influence des idées anglaises. — Loi du 25 septembre 1791. — Décret du 21 vendémiaire an II. — Décret du 11 brumaire an II : Le Fort-Dauphin à Madagascar. — Loi du 12 février 1810 : Les travaux forcés seront subis dans les bagnes.

Médiocres résultats de ce système, dont s'émeut l'opinion publique. — Rapport de M. Portal, — du baron Tupinier, — de M. Laisné. — Projet de loi de 1821. — Proposition de loi de MM. d'Haussonville et de la Farelle (1843). — Consultation des Cours d'appel. — Message du 12 novembre 1850. — Décret inconstitutionnel du 8 décembre 1851. — Rapport de M. Ducos (21 février 1852). — Les condamnés des bagnes peuvent accomplir leur peine à la Guyane. — Décret du 27 mars 1852.

Application du décret du 27 mars 1852. Le but de la loi. Exposé de la loi par M. du Miral. — Imitation incomplète des institutions anglaises. — Vote de la loi. — Ses dispositions. — L'assignation. — La concession. — Territoires pénitentiaires. — La Guyane. — Résultats nuls. — Nouvelle-Calédonie (Décret du 2 septembre 1863). — Organisation du régime des forçats. — Arrêtés des Gouverneurs. — Discipline. — Division en classes. — Régime. — Travaux agricoles, travaux d'utilité publique. — Organisation de la mise en concession, de l'assignement. — Le décret du 3 août 1878 réglemente la mise en concession. — Droits et devoirs du concessionnaire. — Décret du 3 septembre 1880 : Discipline des établissements. Division en classes.

Imitation trop absolue du système suivi par l'Angleterre en Australie. Manque d'outillage des colonies. — La transportation des femmes est facultative. — Insuffisance du doublage.

Subsistance assurée du condamné. — Salaire. — Insuffisance des peines disciplinaires.

Inexécution des travaux publics. — Les concessions sont gratuites : Entretien du concessionnaire pendant trente mois.

Réglementation insuffisante de l'assignement. Garçons de famille. — Des expériences malheureuses d'agriculture en régie forçant l'administration à passer un premier contrat de main-d'œuvre. — Ce que furent ces contrats. Leur valeur aux points de vue légal, pénitentiaire, financier.

La question financière de la colonisation pénale. — Lutte entre les Colonies et la Métropole. — Situation onéreuse pour celle-ci. — La question du domaine.

Le retrait des blancs en Guyane, ses causes, ses résultats. — Les libérés. — Conclusion.

Décret du 5 octobre 1889. — Décret du 4 septembre 1891 : Réforme du régime des classes. — Régime disciplinaire. — Camps disciplinaires. — Suppression du salaire. — Atténuation possible de cette mesure.

Mise à la disposition des services locaux ou des municipalités. — Sections mobiles. — L'entreprise : sa réglementation. — L'assignation individuelle.

Le décret du 13 décembre 1894 modifie le décret de 1891. — Les contrats de main-d'œuvre sont réglementés.

Le décret du 18 janvier 1895 réorganise le régime des concessions. — Conditions nouvelles de la mise en concession.

Les libérés. Décret du 16 janvier 1888, — du 27 septembre 1890.

Historique. — Projet de loi de 1881. — Proposition de MM. Waldeck-Rousseau et Martin-Feuillée (1882). — Vote de la loi du 27 mai 1885. Conditions d'application de la relégation. — Établissements destinés à la relégation. — Décret du 25 novembre 1885. — Relégation collective et relégation individuelle.

Décret du 22 août 1885 : Régime disciplinaire.

Décrets du 5 septembre 1887, du 11 novembre 1887.

Décret du 25 novembre 1887 : Organisation de la relégation individuelle.

Décrets des 18 février 1888 et 12 février 1889 : organisation des sections mobiles.

Domaine de la relégation à la Guyane, à la Nouvelle-Calédonie.

Critique de la loi du 27 mai 1885. — Les récidivistes. Leur manque de préparation à la vie coloniale. Leur faiblesse physiologique. Le relégué peut être relevé de la relégation.

Résultats de la loi.

Le transporté. Sa situation au bagne. — Condamnés primaires et non primaires.

Le concessionnaire.

Le libéré.

Le relégué.

Les femmes. — Leurs mariages.

La question des enfants.

TROISIÈME PARTIE

L'AVENIR DU PROBLÈME

Imp. FR. SIMON, Rennes (2204-98).

A LA MÊME SOCIÉTÉ D'ÉDITIONS

BERTILLON (Dr Jacques), chef des travaux statistiques de la ville de Paris, membre du Conseil supérieur de statistique, etc. — **Cours élémentaire de statistique administrative.** *Élaboration des statistiques. — Organisation des bureaux de statistique. — Éléments de démographie.* — Ouvrage conforme au programme arrêté par le Conseil supérieur de statistique pour l'examen d'admission dans diverses administrations publiques. Un fort vol. in-8 de 600 pages, avec nombreux plans et gravures, prix .... 10 fr.

BIGEON. — **La Photographie devant la loi,** prix .... 2 fr. 50

BIGEON. — **De la Légitimation par acte du Souverain.** Un vol. gr. in-8 de 188 pages, prix .... 4 fr.

BOUTON. — **L'Infanticide,** étude morale et juridique. Un vol in-8 de 240 pages, prix .... 6 fr.

COSTE (Adolphe). — **La Question monétaire.** In-8 de 90 p .. 3 fr. 50

COSTE (Adolphe). — **Les Métaux précieux.** Rapport sur les « matérialiens », prix .... 3 fr. 50

DE LEYMARIE, ancien magistrat, avocat à la Cour d'Appel. — **Nos Avocats d'aujourd'hui,** vol. in-8.. 7 fr. 50

DE LEYMARIE, ancien magistrat, avocat à la Cour d'Appel. — **Détails judiciaires usuels.** Aide-mémoire alphabétique. Un vol. in-8 jésus broché. 2 fr.

D'ENJOY (Paul). — **La Colonisation de la Cchinchine,** *Manuel du Colon* (Souscription du ministère de l'Instruction publique). Un vol. in-12 de 390 pages et une carte, prix.. 7 fr. 50

DEVISE (Fernand), docteur en droit. — **De la Réforme de la loi du 4 mars 1889 sur la liquidation judiciaire.** Un vol. in-8 ... 2 fr. 50

DONNAT (Léon), membre du Conseil municipal de Paris. — **De l'Intervention des municipalités** dans les conditions du travail. Brochure in-8 de 16 pages, prix............... 1 fr.

DUBOIS (Auguste), licencié ès-lettres, docteur en droit. — **De l'occupation et de la Concession par l'État ou par la « Gens », leur rôle dans l'histoire de la Propriété à Rome. Étude sur l'Hérédité des offices dans l'ancien Droit français.** Un vol. gr. in-8 de 330 pages, prix...................... 7 fr. 50

DUCRET (Léon), président de la Chambre syndicale des industries diverses. — **Les Téléphones.** Monopole d'Etat ou privilège, exploitation par l'initiative privée. Brochure in-8 de 40 pages. prix............. .... 1 fr. 50

DUMAS (Paul), avocat, membre de la Société des gens de lettres. — **Les Français d'Afrique** et le traitement des indigènes. Un vol. grand in-8 de 100 pages, prix........... 2 fr. 50

ERNAULT (Louis), licencié en droit, lauréat de la Faculté de médecine. — **Le Célibataire** *au point de vue social et à son point de vue personnel* (volume de la Petite Encyclopédie sociale et juridique), prix........... 2 fr. 50

L'auteur est un jurisconsulte qui ne manque pas d'esprit ; il sait allier la science et l'humour, et sa philosophie toujours aimable, triomphe aisément de l'aridité de son sujet.

HAMELIUS (Etienne). — **Philosophie de l'économie politique.** In-18 de 210 pages, prix............... 4 fr.

HARMAND (Jules). — **L'Inde,** de John Strachet, préface et traduction de Jules Harmand, ministre plénipotentiaire. In-8 avec carte en couleurs, prix.... 10 fr.

LABONNE (le Dr Henry), chargé de mission. — **L'Islande et l'archipel des Foeroer** (3e édit.), 52 fig.. 4 fr.

MARTINET (Camille). — **Le Socialisme en Danemark,** préface de Pierre Baudin, conseiller municipal de Paris. In-18 de 120 pages. Prix : *franco,* contre mandat, prix.......... 2 fr 50

RANÇON (le Dr André), médecin de première classe des colonies, chevalier de la Légion d'honneur. — **Dans la Haute-Gambie,** voyage d'exploration scientifique, vol. in-8, 590 pages avec 12 cartes, 26 grav. et 12 photog. hors texte, prix .... 10 fr.

SABATIER (Camille) ancien député de l'Algérie. — **Touat, Sahara et Soudan.** Etude géographique, politique, économique et militaire, avec une carte en cinq couleurs. Un volume in-8 raisin, prix.................. 6 fr.

VIAULT (François). — **Ultramar,** sensations d'Amérique. — Antilles, — Vénézuela, — Panama, — Pérou, — Cordillères, — Equateur. — Un vol. in-12 de 350 pages, prix .... 4 fr. 50